다락원 | Spark Publishing

선과 악을 넘어서

Beyond Good and Evil

프리드리히 니체

다락원 | Spark Publishing

SPARKNOTES™ 002

선과 악을 넘어서

펴낸이 정효섭
펴낸곳 (주)다락원

초판 1쇄 인쇄 2009년 2월 10일
초판 1쇄 발행 2009년 2월 17일

책임편집 안창열
디자인 손혜정
번역 한성간
표지삽화 손창복

다락원 경기도 파주시 교하읍 문발리 509-1
내용문의: (031)955-7272(내선 400)
구입문의: (02)736-2031(내선 112~114)
Fax:(02)732-2037
출판등록 1977년 9월 16일 제300-1977-23호

Copyright © 2009, 다락원

출판사의 허락 없이 이 책의 일부 또는 전부를
무단 복제 · 전재 · 발췌할 수 없습니다.
잘못된 책은 바꿔 드립니다.

값 7,000원

ISBN 978-89-5995-167-3 43740

http://www.darakwon.co.kr
일이관지(一以貫之) 논술팀이 제시한 실전 연습문제 답안작성
논술가이드는 www.darakwon.co.kr에서 무료 제공합니다.

세계의 교양을 읽는다

고전을 왜 읽는가?

인간의 삶과 세상에 대한 영원한 물음이 있기 때문이다. 시대와 사상을 뛰어넘어 지금 여기 우리에게 필요한 물음이 없는 고전은 더 이상 고전이 아니다. 인간과 삶에 대한 근원적인 물음 없이 고전을 읽는다면 자신과 인간에 대한 성찰과 지혜로 이어지지 않는다. 논술 시험 때문에, 과제물 때문에, 아니면 남들이 읽으니까, 나도 읽는다는 식이라면 그 책은 죽은 책일 수밖에 없다.

고전을 살아 있는 책으로 만드는 이 '물음!'에 답하기 위해서는 좋은 길잡이가 필요하다. 오랜 기간 동안 미국의 고교생과 대학 주니어들이 시험, 에세이 작성, 심층토론 준비를 위해 바이블처럼 애용해온 'SPARKNOTES'와 'CliffsNotes'는 바로 그런 좋은 길잡이의 표본이다. 이 두 시리즈가 원조 논술연구모임인 '일이관지(一以貫之)' 팀의 촌철살인적 해설을 곁들여 논술로 고민중인 대한민국 학생 여러분을 찾아간다.

SPARKNOTES와 CliffsNotes의 가장 큰 장점은 방대하고 난해한 고전을 Chapter별로 요약하고 분석해서 원전의 내용에 보다 쉽고 체계적으로 접근하는 신속·간편성이라고 할 수 있다. 여기에 '一以貫之' 팀이 원전의 중요한 문제의식, 즉 근원적 '물음'은 무엇이며, 그 '물음'은 오늘날에도 여전히 유효한가, 라는 질문을 다시 던진다.

대입논술로 고민하고, 자칭 타칭의 고전이 넘쳐나는 오늘의 독서풍토에서 지적 정복이 긴박한 대한민국 학생들에게 감히 이 시리즈를 자신있게 권한다.

一以貫之 논술연구모임 연구실장 이호곤

차례

이 책의 구성

SPARKNOTES와 CliffsNotes는 방대하고 난해한 원작을 보다 쉽게 이해할 수 있도록 돕는 안내서입니다. 여기에는 원작 이해를 돕기 위해 매 장마다 '요점 정리(또는 줄거리)'와 '풀어보기'가 실려 있습니다. '요점 정리(또는 줄거리)'에는 원저의 내용을 일목요연하게 정리해 놓아 저자가 전달하려는 내용을 어렵지 않게 파악할 수 있습니다. '풀어보기'에서는 철학서의 경우, 원저에 담긴 저자의 사상이나 관련 철학, 시대 상황, 논점 등을, 문학 작품인 경우에는 원작에 담긴 문학적 경향, 등장인물의 심리상태, 주제 등을 설명해 놓았습니다. 분석적이고 비판적인 글읽기의 바탕이 되는 요소들이죠. 비소설이나 소설을 막론하고 분석적이고 비판적인 글읽기는 독자에게 꼭 필요한 자질입니다.

그밖에도 원저를 좀더 깊이 복습해서 제대로 소화할 수 있도록 돕기 위해 'Study Questions'와 'Review Quiz' 등을 마련해 놓았습니다.

* 〈 〉는 철학서, 장편소설, 중편소설, 수필집, 시집. " "는 단편소설, 논문
* 작품명은 독자의 이해를 돕기 위해 예외적인 경우를 제외하고는 영어식으로 표기함.

● 일이관지(一以貫之) 논술노트

권말에는 일이관지 논술팀에서 작성한 논술노트가 실려 있습니다. 원저를 우리의 삶과 연계시켜 비판적 사고와 논리적 글쓰기의 방향을 제시합니다.

● 실전 연습문제

논술예제와 기출문제를 통해서는 원작을 바탕으로 출제 가능성이 높은 논점을 함께 숙고해 봅니다.

간추린 명저 노트

프리드리히 니체 Friedrich Nietzsche는 1844년 독일의 로켄에서 출생했다. 루터교 목사인 아버지는 그가 네 살때 정신이상으로 세상을 떠났고, 6개월 후 형 요제프마저 죽으면서 니체는 여자들만 있는 집안에서 유일한 남자로 성장했다. 대학 시절 우등생이었던 그는 지도교수를 감동시켜 스물네 살 때 논문도 쓰지 않은 상태로 박사학위를 받고 문헌학 교수가 되었다. 당시 그는 칸트와 쇼펜하우어의 철학에 심취했지만 나중에는 그들과 그들의 이론을 비판했다.

1870년, 니체는 프랑스-프러시아(프로이센) 전쟁에서 위생병으로 복무하던 중 설사, 디프테리아, 매독에 걸렸고, 그 후 죽을 때까지 편두통, 소화불량, 불면증에 시달리며 거의 실명상태에 이르렀다.

니체가 살던 시절의 독일은 과학의 발달, 지식의 확장, 경제적 번영으로 밝은 미래가 기대되던 시기였다. 니체는 이 시기를 '허무한 시대'라고 규정짓는다. 획일적인 기독교 신앙은 유럽 사상을 지배하지 못하게 되고(니체는 이 상황을 "신은 죽었다"는 말로 격렬하게 표현함), 현대 과학의 발전과 더불어 다윈의 진화론이 힘을 얻게 되자 사람들은 세계를 분열, 혼돈, 혼란의 현장으로 인식했다. 여기서 니체는 유럽의 힘과 의지를 되찾을 수 있는 행동원칙이 필요하다며, 유럽의 허무주의를 막지 못하면 다음 세기에는 지구가 한 번도 경험한 일이 없는 전쟁에 휘말리게 될 것이라고 예언했다.

니체는 1872년에 출간된 첫 저서 〈비극의 탄생 *The Birth of Tragedy*〉에서 오랜 친구이자 작곡가인 리하르트 바그너의 작품을 이용해 서양 예술과 예술가의 역할에 대한 견해를 자세히 밝히고 있다. 그러나 1870년대에 바그너가 반유대적이고 민족주의적이며 기독교적인 가치에 집착하자 그에 대한 찬양은 식고 만다.(니체의 누이도 바그너와 의견이 같았다.) 이처럼 한때 스승이었던 사람이 반동적인 자세를 취하자 니체는 독일 민족주의, 반유대주의, 종교적 독단주의를 노골적으로 비판했다.

날카로운 통찰력과 선동성이 강한 저서들을 내놓은 니체의 성숙기는 1878년 출간된 〈인간적인, 너무나 인간적인 *Human, All-Too-Human*〉에서 시작되어 1883년과 1885년 사이에 4부작으로 발표된 〈차라투스트라는 이렇게 말했다 *Thus Spoke Zarathustra*〉에서 절정을 이룬다. 4부 가운데 첫 3부는 건강 악화와 싸우며 집에서 꼼짝 않고 썼는데, 한 부를 쓰는데 열흘씩 걸렸다. 원래 1-2-3부는 별개의 책으로 출간되었고, 4부는 완성된 지 7년이 지난 1892년에야 출판되었다. 이 작품에 넘치는 생명력과 에너지를 보면 그

가 육체적 · 정신적으로 심한 고통에 시달리고 있었다는 것
이 믿어지지 않을 정도다.

건강은 계속 악화되는데도 작품이 더 많이 나왔다는
점은 이상한 일이다. 언젠가는 정신력마저 무너지리란 것
을 감지하고 집필에 박차를 가했기 때문인지 모른다. 놀라
운 끈기와 정신력을 발휘한 그는 1886년과 1888년 사이에
〈선과 악을 넘어서(선악의 저편) *Beyond Good and Evil*〉,
〈도덕의 계보 *On the Genealogy of Morals*〉, 〈우상의 황혼
The Twilight of the Idols〉, 〈안티그리스도 *Antichrist*〉, 〈이
사람을 보라 *Ecce Homo*〉, 〈바그너의 경우 *The Case of
Wagner*〉, 〈니체 대 바그너 *Nietzsche Contra Wagner*〉를
출간했다. 1889년 1월 마부가 말에 채찍질하는 것을 보고
쓰러져 정신착란에 빠진 그는 11년간 식물인간처럼 지내다
가 1900년 8월에 숨을 거두었다.

니체가 남긴 문학 유산을 맡게 된 누이 엘리자베스는
오빠의 명성과 작품을 자신의 친나치적 입장을 펼치는 데
이용했다. 그녀는 니체의 이론을 왜곡하고 작품을 선별적
으로 발표함으로써 그가 마치 아리안족과 나치즘을 옹호하
는 듯이 보이도록 만들었다. 그 결과, 독일 민족주의와 반유
대 감정을 분명히 혐오했던 니체는 20세기의 첫 50년 동안
나치 강령을 찬성했다는 오해를 받았다.

니체가 20세기의 사상 발전에 지대한 영향을 미쳤다는

사실은 부인할 수 없다. 그는 현대의 모든 이론 운동을 탄생시키는 데 커다란 역할을 했고, 그의 철학적 통찰과 방법론은 시대를 수십 년이나 앞선 것이었다. 니체의 지성적 투쟁에 크게 영향을 받은 많은 이론가들 가운데에는 마르틴 하이데거, 미셸 푸코, 토마스 만, 조지 버나드 쇼, 윌리엄 버틀러 예이츠, 제임스 조이스, 자크 데리다, 지그문트 프로이트, 장 폴 사르트르가 있다.

| Who's who |

칸트(Immanuel Kant. 1724-1804): 독일 철학자. 데카르트의 합리주의(도리·이성·논리가 일체를 지배한다고 보고, 비합리와 우연적인 것을 배척)와 베이컨의 경험주의(관찰과 실험을 중시)를 종합해 비판철학을 탄생시켰다. 주요 저서는 〈순수이성비판〉, 〈실천이성비판〉 등.

쇼펜하우어(Arthur Schopenhauer. 1788-1860): 독일 철학자이자 염세사상의 대표자. 칸트의 인식론,플라톤의 이데아론, 인도철학의 범신론으로부터 영향을 받았고, 니체를 거쳐 생의 철학, 실존철학, 인간학 등에 영향을 미침. 주요 저서는 〈의지와 표상으로서의 세계〉 등.

다윈(Charles Darwin. 1809-82): 영국 생물학자. 자연도태와 적자생존에 의해 현재의 생명계가 이루어졌다는 생물진화론의 정립에 공헌했다. 주요 저서는 〈종(種)의 기원〉 등.

리하르트 바그너(Richard Wagner. 1813-83): 독일 작곡가. 쇼펜하우어의 염세철학과 기독교·불교의 영향을 받음. 유태인, 특히 유태인 작곡가들을 독일의 해로운 요소라고 비난했다. 주요 저서는 〈독일 예술과 독일 정치〉 등.

마르틴 하이데거(Martin Heidegger. 1889-1976): 독일 실존철학자. 인간 존재 뒤에 영원불변의 뭔가가 있다는 형이상학을 비판하고, 불안, 심려, 죽음, 양심 등, 실존에 관계되는 여러 양태를 조직적·포괄적으로 연구했다. 주요 저서는 〈존재와 시간〉 등.

미셸 푸코(Michel P. Foucault. 1926-84): 프랑스 철학자, 역사가, 사회학자. 모든 것은 사회구조와 언어구조 등이 결정하며, 인간의 자아나 관념 역시 이 구조 안에서 탄생·전개·소멸된다고 주장했다. 주요 저서는 〈성의 역사〉, 〈감시와 처벌〉 등.

토마스 만(Thomas Mann. 1875-1955): 독일 소설가, 평론가. 감성과 이성, 육체와 정신, 삶과 죽음 등, 이른바 모순된 세계의 대립을 주로 다루었다. 1929년 노벨상 수상. 주요 작품은 〈마(魔)의 산〉 등.

조지 버나드 쇼(George bernard Shaw. 1856-1950): 아일랜드 극작가, 소설가, 비평가. 희극을 통해 종교적 자각을 탐구했고, 사회와 사회악의 결탁을 파헤쳐 풍자했다. 1925년 노벨상 수상. 주요 작품은 〈인간과 초인〉 등.

윌리엄 버틀러 예이츠(William Butler Yeats. 1865-1939): 아일랜드 시인 겸 극작가. 낭만적인 주제와 몽환적인 심상을 즐겨 묘사했다. 1923년 노벨상 수상. 주요 시집은 〈오이진의 방랑〉, 〈쿨 호의 백조〉 등.

제임스 조이스(James Joyce. 1882-1941): 아일랜드 소설가, 시인. '의식의 흐름(stream of consciousness)' 기법을 도입해 인간의 내면세계를 묘사했다. 주요 작품은 〈율리시스〉, 〈젊은 예 술가의 초상〉 등.

자크 데리다(Jacques Derrida. 1930-2004): 프랑스 철학자. 시간과 공간을 관통하는 진리 대신 '지금-여기 있는' 인간 존재 자체에 주목해서 형이상학의 잔재를 비판하고 해체를 주장했다. 주요 저서는 〈목소리와 현상〉 등.

지그문트 프로이트(Sigmund Freud. 1856-1939): 오스트리아의 심리학자로 정신분석의 창시자. 심리학과 정신의학뿐만 아니라 사회학, 사회심리학, 범죄학 등에도 커다란 영향을 주었다. 주요 저서는 〈꿈의 해석〉 등.

장 폴 사르트르(Jean-Paul Sartre. 1905-80): 프랑스 철학자, 작가. 인간의 본질을 결정하는 신은 존재하지 않으므로 개인은 스스로 인간의 존재 방식을 선택하도록 운명 지어져 있다고 주장했다. 1964년 노벨상 수상 거부. 주요 저서는 〈존재와 무〉, 소설 〈구토〉 등.

　〈선과 악을 넘어서〉는 니체의 성숙한 철학을 포괄적으로 압축한 작품으로, 296개의 잠언으로 구성되어 있다. 이 잠언들은 그 길이가 몇 줄에서 몇 쪽에 이르기까지 다양하며, 주제별로 9개 장(章)으로 구분되어 있고, 앞부분과 끝부분에는 서문과 시(詩)가 들어 있다. 잠언 하나하나는 독립된 개체지만, 같은 장 안에서는 잠언과 잠언, 장과 장 사이에서는 직선적인 연속성 같은 것이 있다. 그럼에도 불구하고 잠언 하나하나는 다른 것들과는 분명히 구별되는 관점을 지니고 있으나, 스파크노트에서는 많은 것을 생략했다.

　서문은 독단주의 철학자들을 비판하고 있다. 1장은 독단론이 어떤 것인지를 탐색한다. 니체는 위대한 철학자들의 이론은 모두 개인 고백에 불과하다고 주장한다. 철학자들은 자신의 가정과 편견을 합리화하기 위해 복잡한 사고 체계를 구축하는데, 이것들을 파 내려가면 그들이 가장 중요하게 여기는 것을 알 수 있고, 그들의 성격까지 들여다볼 수 있다는 것.

　니체는 이들의 독단적 주장을 어떤 특정한 관점에 사로잡히지 않은 '자유정신'과 대비시키고, 미래 철학자들이 이러한 실험적 방법을 통해 어떤 가설이든 철저히 검증하고 끝까지 토론해 결론에 도달하기를 바란다.

이어서 그는 자신이 일종의 독단론이라고 주장하는 종교정신을 다룬 뒤, 잠언 시리즈를 시작한다. 잠언은 대부분 우리의 기이한 심리적 가면을 노출시킨다. 그 다음으로는 자기극복의 방법을 찾기 위해 도덕적 체계의 기나긴 역사를 돌아보며, 무력하기 짝이 없는 평범성을 조장하는 이른바 '무리' 정신을 강하게 비판하고, 현대 학자들도 이러한 '무리' 본능이 있다고 지적한다. 이를테면, 무미건조한 사실을 규명하는 데만 지나치게 몰두하고 있다는 것. 이상적인 철학자는 의미와 가치를 창출해내야지 공허한 사실이나 만지작거려서는 안 된다.

니체는 모든 사람의 정신적 힘을 측정하는 '등급'이 있다고 주장한다. 사람은 이처럼 차이가 나기 때문에 모두에게 하나의 도덕기준을 적용하는 것은 부당하다. 가장 강한 사람은 자신에게 무자비하다는 특징을 지니고 있으며, 자신 속으로 더욱 깊이 파고들기 위해 모든 편견과 가설을 거리낌 없이 노출시킨다. 따지고 보면 편견 없는 사람은 없다는 사실을 증명하기 위해 니체는 8쪽에 걸쳐 여자를 공격한다.

다음으로는 국적과 민족주의 문제를 다룬다. 여기서는 국적 또는 '인종'이 다른 사람들은 태생적으로 나름대로의 특이성을 지닌다는 라마르크 진화론*을 끌어다 쓰고 있다. 그는 무엇보다 반유대주의와 영국인들을 비판하고, 진정한 개성을 찾기 위해 민족주의 감정을 초월하는 '바람직한 유럽인'의 개념을 제시한다.

마지막 장에는 '숭고한 것'에 관한 니체의 생각이 담겨 있다. 숭고한 사람은 평범한 사람들보다 너무 높은 곳에 올라가 있기 때문에 그들로부터 인정도 받지 못하고 오해만 잔뜩 받는 외롭고 괴로운 영혼이다. 니체는 이러한 숭고한 영혼이 산꼭대기에 앉아 더 많은 친구가 생기기를 바라는 힘없는 시(詩)로 이 책을 마무리한다.

---

* **라마르크 진화론**(Lamarckism): 용불용설(用不用說), 즉 생물이 살아가면서 환경과 습성에 의해 얻은 형질이 다음 세대로 전달되면서 진화가 이루어진다는 이론. 자연발생설을 역설한 프랑스 박물학자 라마르크(1744-1829)가 주장.

● **권력에의 의지** will to power | 우주의 모든 사물에 동기를 부여하는 기본적인 힘. 니체는 '자유를 향한 본능'이라고도 말하는데, 모든 다른 의지로부터 독립하는 힘인 동시에 그것들을 지배하는 힘이다. 권력에의 의지는 원시적인 야만인들의 강간, 약탈, 고문 같은 세련되지 않은 행동이기도 하지만, 자기학대를 통해 스스로를 더욱 깊고 강하고 독립적인 마음을 가진 존재로 만들려는 세련된 행동이기도 하다.

● **승화** sublimation | 권력을 보다 세련된 형태로 표현하기 위해 권력을 향한 순간적인 본능을 억누르는 행위. 예를 들어, 다른 사람을 때리고 싶은 유혹을 참고 그 잔인한 본능을 내 마음속으로 돌리면 마음과 의지가 강해진다.

● **영원회귀** eternal recurrence | 이 책에서는 간단히 언급되고 있지만 〈차라투스트라는 이렇게 말했다〉의 중심개념이다. 모든 것은 연관성이 있고 영원한 것은 없으며, 누가 우주의 어떤 사물에 대해 "그렇다"고 말하면 모든 사물에 대해 반드시 "그렇다"고 말해야 한다는 인식이다. 니체가

바라는 이상적인 인물은 이 모든 것을 긍정할 수 있는 힘과 용기를 가진 사람이다.

● **관점주의** perspectivism ｜ 진리에 대해 니체가 취하는 입장. 절대적인 진리는 없으며 다만 각자가 취하는 관점이 다를 뿐이라는 것. 진리는 조각과 같아서 '올바로' 바라볼 수 있는 방향이 하나만 있는 것이 아니기 때문에 조각을 제대로 감상하려면 조각 주위를 한 바퀴 돌면서 가능한 한 여러 각도에서 바라보아야 한다.

● **노예 도덕** slave morality ｜ 가난하고 병들고 불행하고 주인으로부터 억압받고 학대당하는 노예 계급의 윤리. 이들은 삶을 뭔가 사악하고 잘못된 것으로 보고, 주인이 배 두드리며 삶을 즐기는 것을 '악(惡)', 그리고 자신과 자신의 모든 불행을 '선(善)'이라고 생각한다.

● **주인 도덕** master morality ｜ 돈 많고 건강하고 즐거운 귀족 계급의 윤리. 이들은 스스로를 '선'이라고 생각하며, 자기의 모든 생각을 숭고하다고 본다. 가난하고 병들고 불행한 노예들과는 거리를 두며, 그들의 운명을 경멸스럽고 '사악한' 것으로 생각한다.

● **무리** herd | 니체가 평범하고 보잘것없는 대중을 일컫는 말. 개인의 의지가 없고 집단적 본능에 따라 살아가는 짐승의 무리라고 생각한다. 그가 자주 쓰는 '무리의 도덕 herd morality'이란 말은 모든 사람을 똑같이 평범하게 만드는 민주주의적인 의지란 뜻.

● **자유정신의 소유자** free spirit | 한 가지 관점이나 독단적 견해에 휘말리지 않는 융통성 있는 마음을 지닌 사람. 세계를 여러 각도로 보면서 어떤 특정한 관점 속에 숨겨진 편견과 가면을 들춰낸다.

● **바람직한 유럽인** good European | 자유정신적인 개성을 옹호하기 위해 민족주의 감정을 극복한 사람. 니체는 괴테*, 나폴레옹**, 스탕달*** 등을 '바람직한 유럽인'으로 꼽는다.

● **자기극복** self-overcoming | 니체는 우리를 피조물이자

---

* **괴테**(Johann Wolfgang von Goethe. 1749-1832): 독일 시인, 극작가, 정치가, 과학자. 정신적 편협성을 경계하고 인류애를 강조하며 세계인으로 사고·창작·행동했다. 주요 작품은 희곡 〈파우스트〉 등.

** **나폴레옹**(Napoleon Bonaparte. 1769-1821): 프랑스 군인, 정치가. 프랑스 혁명 후 쿠데타로 집권하고 국민투표를 통해 황제(나폴레옹 1세)가 되었으며, 전 유럽을 상대로 전쟁을 벌이다가 패한 뒤 유배됨. 가장 큰 업적은 프랑스 혁명 이념을 유럽 대륙에 전파한 것.

*** **스탕달**(Stendhal. 1783-1842): 프랑스 소설가. 본명은 앙리 베일(Henri Beyle). 사회의 부정의와 불평등을 파헤치면서 그 모순에 항변하고 반항하는 인간상을 제시. 주요 작품은 〈적과 흑〉 등.

창조자라고 생각한다. 우리는 잔인하고 공격적인 본능을 가진 짐승이자 스스로 만든 의지와 가치를 지닌 초인(超人)이라는 것. 보다 숭고하고 초인에 가까워지려면 동물적 본능인 잔인함을 자기 안에 있는 피조물에게 행사하고, 이러한 자기성찰과 내면적인 싸움을 통해 스스로를 보다 깊고 강한 존재로 만들어야 한다. 니체는 이러한 자기학대를 '자기극복'이라고 부른다.

● **초인** overman | 권력에의 의지를 세련시켜 모든 외부적 영향으로부터 스스로를 해방시키고 창조해야 할 독자적인 가치. 〈차라투스트라는 이렇게 말했다〉에서 나온 말로 니체는 이것을 인류의 최종 목표라고 선언한다. 〈선과 악을 넘어서〉에는 나오지 않지만 주해(註解)에서 그 존재를 암시하고 있다. 어떤 특정한 인간을 가리키는 말이 아니며, 원어로는 übermensch(위버멘쉬).

● **허무주의** nihilism | 글자그대로 '믿을 것은 아무것도 없다'는 뜻. 니체는 자신이 살고 있는 시대를 허무한 시대로 규정짓는다. 세계가 무의미하며 변함없는 법의 지배를 받고 있다고 묘사하는 과학을 철저히 신봉하기 때문이라는 것.

　　니체의 작품을 전체적으로 이해하려면 그가 진리와 언어에 대해 지니고 있는 견해와 철학, 그리고 권력에의 의지란 개념을 확실히 파악해야 한다. 그의 철학은 기본적으로 우주는 항상 변한다는 확신에서 출발한다. 그는 어떤 견해가 되었든 우주를 한 곳에 고정된 것으로 보려는 입장을 증오하고 경멸하며, 언어와 진리는 사물에 대해 고정관념을 취하기 쉽기 때문에 모두 믿지 않는다.

　　생각과는 달리 말은 고정되어 있다. 우주만물이 움직이고 변하듯 우리 생각도 움직이고 변하지만 말은 일단 뱉으면 바꾸지 못한다. 이처럼 언어는 불변성을 지니기 때문에 세계를 사실과 실물의 측면에서 표현하다 보니 철학자들은 세계를 유동적이기보다는 고정적인 것으로 생각한다. 엄연한 사실의 세계에 대해서는 확정적으로 말할 수 있고, 거기에서 신과 도덕 같은 절대적인 것과 진리란 개념이 나온다는 것.

　　니체는 전통적인 철학에서 말하는 사실과 사물은 고정된 것이 아니며 갖가지 변화를 겪는다고 본다. 특히 도덕의 분석에 놀라운 통찰을 나타내는 그는 예를 들어, 우리가 갖고 있는 '선'이란 개념이 시대에 따라 그 의미를 달리해 왔다는 것을 보여준다. 그는 모든 변화를 일으키는 힘은 의지라고 생각한다. 말하자면, 모든 움직임은 권력에의 의지, 자유를 위한 투쟁, 다른 사물에 대한 지배로 귀결된다는 것. 시간이 흐르면서 '선'의 개념이 달라지는 것은 서로 다른 의지들이 선을 규정하기 때문이다. 의미와 해석은 의지가 어떤 개념에 작동하고 있다는 표시에 불과하다.

사실과 사물은 항상 변하고 노력하는 의지에 따라 의미가 달라지기 때문에 올바르다거나 절대적인 관점 같은 것은 있을 수 없다. 모든 관점은 이런저런 의지의 표현이다. 따라서 우리는 '진리'를 말하려고 할 것이 아니라 가능한 융통성을 가지려고 노력하고 사물을 여러 관점에서 바라보아야 한다. 니체가 이상적으로 생각하는 '미래의 철학'은 관점을 아무 때나 바꾸고 고정관념에 의한 '진리'와 독단을 뒤엎을 수 있을 만큼 자유로운 철학이다. 그러한 철학이라면 '선'과 '악' 같은 도덕적 개념을 피상적인 것, 본래적인 의미가 없는 것으로 볼 수 있기 때문에 '선과 악을 넘어서' 움직여갈 수 있고, 권력에의 의지를 자신의 내면으로 돌려 스스로와 끊임없이 싸워가면서 편견과 가면을 극복할 수 있다.

진리에 관한 니체의 이 같은 이단적 견해는 그의 특이한 사고방식을 설명하는 데 도움이 된다. 이 책에서는 사고의 행렬을 따라가면서 서로간의 연관성은 찾을 수 있지만 전체를 꿰뚫은 단일논리나 직선논리는 없다. 니체는 진리를 단순하고 2차원적인 형상으로 보지 않기 때문에 단순하고 직선적인 스케치로는 진리를 정확하게 그려내지 못하며, 세계를 복잡하고 3차원적인 것, 홀로그램(두 개의 빛이 만날 때 생기는 간섭무늬)에 가까운 것으로 본다. 홀로그램이 전체와 근접한 무한히 작은 2차원의 조각으로 구성된 3차원 영상이듯, 그는 보다 복잡한 세계관에 근접한 2차원적 잠언들을 늘어놓는 것으로 자신의 세계관을 나타내고 있다. 〈선과 악을 넘어서〉는 니체의 실제적인 관점주의를 보여준다. 우리는 잠언 하나하나를 읽으면서 니체가 철학을 바라보는 상이한 관점들을 접하게 된다. 하나의 관점에서 또 다른 관점으로 옮겨가면서 어떤 연관성을 추적할 수는 있지만, 결국은 9개의 큰 조각과 296개의 작은 조각들로 이루어진 니체의 철학만 남는다. 이런 방식을 통해 그는 변동성과 3차원성을 가장 잘 유지할 수 있는 언어로 자신의 생각을 나타내고 있다.

Chapter별 정리 노트

Preface
서문

니체는 "만약 진리가 여자라면―뭐가 어떻게 되는 걸까?"라는 도발적 질문으로 서두를 시작한다. 철학자들의 독단론이 대부분 여자의 마음을 얻으려는 서투른 수작이라고 암시하는 것. 당시 그는 그 어떤 독단론도 쓸 만한 것이 없고 철학 역시 진리를 정복하기에는 요원하다고 보았다.

독단론이 진지하고 엄숙하게 그 의도를 펼치지만, 모든 독단론의 기초가 유치한 미신이나 편견에 바탕을 두고 있다는 것이다. 그 예로서 어법의 유혹, 조그만 사실에 근거해 전체적인 것처럼 보편화시키는 행위, 그리고 무신론 철학에서조차 '주체와 자아 미신'으로 남아 있는 '마음의 미신'을 지적한다.

독단론은 플라톤이 이상으로 여겼던 순수정신과 '절대선(the Good)'을 낳았다. 니체는 이것을 가리켜 '지금까지 저질러진 가장 잘못되고, 가장 질기고, 가장 위험한 오류'라

고 말하고, 기독교 신앙을 '인간을 위한 플라톤 철학'이라
고 비판한다. 그러나 독단론에 항거하는 그의 투쟁은 현대
유럽 정신에 긴장을 조성한다. 니체는 "활이 팽팽하게 당겨
져야 가장 먼 목표물을 맞힐 수 있다"며, 예수회 수사들과
민주주의자들은 긴장을 목표달성을 위해 필요한 수단으로
느끼지 못하고 오히려 누그러뜨리려 한다고 비난한다. 니
체가 칭찬하는 부류의 사람들, 즉 '바람직한 유럽인들과 아
주 자유로운 정신의 소유자들'은 이 '훌륭한 긴장'을 높이
평가한다.

　　니체가 철학을 독단론과 연관시킨 것은 지금보다는 당
시에 더 합당한 일이었지만, 철학이 독단론과 결별한 것도
부분적으로는 그의 공(功)이다. 19세기 독일 철학에는 특히
'체계'철학자들이 많았고, 가장 대표적인 인물이 헤겔*이다.
그는 몇 가지 기본 원칙을 이용해 인간의 체험을 완벽하고
철저하게 설명할 수 있는 방대하고 복잡한 체계를 만들어

---

* **헤겔**(Friedrich Hegel, 1770-1831): 칸트 철학을 계승한 독일 관념론의 대성자. 합리주
의적 계몽사상의 한계를 통찰하고 역사의 의미에 눈을 돌렸다. 모든 인식이나 사물은
정(正)·반(反)·합(合)의 3단계를 거쳐 전개된다는 변증법이 그의 철학과 논리학의 핵심.
주요 저서는 〈정신현상학〉 등.

냈다. 그 같은 당시의 철학적 분위기 때문에 니체가 전체적인 철학사를 동시대인들처럼 체계적인 측면에서 해석했던 것은 놀라운 일이 아니다.

특히 플라톤은 여러 의미에서 독단론자와는 거리가 멀지만, 많은 사람들은 고집스럽게 그를 독단론자로 보려고 한다. 그 결과, 플라톤의 영향은 독단론적인 해석에 따라 전파되었다. 니체가 독단론과 연관시키는 플라톤은 감각 세계는 가상이며, 진리와 현실은 보이지 않고 영원불변인 이데아, 즉 형상(Forms)에 있다는 형상이론을 주장했다. 이데아는 우리가 감지하는 덜 실제적인 사물의 기초이자 생명을 부여한다. 기독교 신앙에 엄청난 영향을 미친 플라톤은 육체는 일시적이고 물질적이지만 우리는 생명을 부여하는 영원불멸의 순수정신(영혼)을 가지며, 모든 이데아 중에서 '선'이 가장 고귀하고 현실의 궁극적인 근원이라고 단정한다. 따라서 인간은 '선'을 추구하고 가까이 다가가야 할 의무를 지니며, 이 의무는 본질적으로 모든 도덕의 기초가 된다.

니체는 바로 이 '순수정신'과 '선'에 대한 믿음에서 독단론을 발견한다. 그가 이 믿음을 독단론이라고 생각하는 이유는 비판을 인정하지 않는 토대 위에 있기 때문이다. '선'은 플라톤의 다른 모든 철학 '체계'의 지주란 것이 일반적인 해석이다. 우리가 '선'을 절대적인 것으로 믿는다면 다른 것은 모두 거기에서 나오게 된다. 마찬가지로 우리 마음속에 있는 순수정신의 절대성과 영구성을 믿으면 인간의 본성, 인간 사회, 인간의 도덕에 관해 많은 추론이 가능하다.

니체는 증명이 불필요한 절대 진리라고 주장하는 것은 모두 독단론으로 간주한다. 철학자들은 모든 것의 바탕을 이성에 두고 신앙에서 취하는 것은 하나도 없다고 주장하지만, 니체는 결국 모든 철학이 어떤 신앙의 비약에 근거를 두고 있다고 단언한다. 하나하나의 주장이 그 체계의 다른 부분에 의해 정당화되는 체계는 논리상 불가능하다. 만약 하나의 체계를 블록 하나하나가 다른 블록에 의지하고 있는 건물에 비유한다면 블록 전체를 받쳐주는 주춧돌이 있어야 한다. 철학자들은 일반적으로 자기들의 철학 체계가 단순하고 의문의 여지가 없는 진리에 토대를 두고 있다고 생각한다. 그러나 이러한 토대를 유치한 미신과 편견으로 간주하는 니체는 옳다고 생각되는 주장이 실은 너무나 깊은 가설에 근거하기 때문에 우리는 그것이 가설이란 사실을 미처 깨닫지 못한다고 지적한다.

니체를 이해하기 어려울 때가 종종 있다. 절대 진리라고 내세워지는 것은 모조리 비판하기 때문이다. 우리의 사고는 절대적인 것에 대한 믿음에 영향을 받기 때문에 때때로 니체의 주장을 액면대로 받아들이기 어렵다. 이른바 니체의 '관점주의'는 절대적 진리는 없고, 다만 저마다 진리를 바라보는 관점은 달라도 그 하나하나가 똑같이 유효하다고 주장한다. 진리를 조각에 견주어 오직 한쪽에서만 바라보면 제대로 전체적인 것을 이해하거나 감상하지 못하므로 한 바퀴 돌면서 여러 각도에서 보아야 한다는 것이다.

니체가 플라톤 사상을 가장 크게 반대한 이유 하나는 "진리는 오직 하나뿐이며, 따라서 그렇게 바라보아야 한다"고 말함으로써 관점을 고정시켜 우리의 이해를 마비시키고 자유로운 사고를 불가능하게 만든다는 것이다. 니체가 바람직하다고 생각하는 '자유정신'의 소유자는 특정한 관점이나 독단론, 신앙에 얽매이지 않는다.

서문에 나타나는 주제는 이 책의 나머지 부분에 접근하면서 갖춰야 할 마음의 틀을 제시하기 위한 것이다. "모든 가설은 문간에서부터 점검하라. 어떤 것이든 독단론에 근거한 반대는 받아들일 수 없다." 이것이 바로 니체가 말하려는 핵심이다.

Chapter 1
철학자들의 편견에 대하여

니체는 먼저 진리에의 의지가 있는지를 묻는다. 이런 의지가 있어야 우리는 탐구하는 피조물이 될 수 있다. 무엇보다 우리를 가장 흥분시키는 것이 진리에 관한 의문이지만, 우리는 진리 자체의 가치에 의문을 던지는 일은 거의 없다.

니체는 세계가 여러 가지 반대되는 것들로 갈라져 있다는 이른바 '대립되는 가치에 관한 믿음'에 의문을 제기한다. 그 첫 번째가 진실과 거짓이며, '대립되는 것들' 사이의 관계는 그보다 훨씬 더 복잡할지 모른다. 우리가 믿는 '진리'란 것들은 종종 편견과 기만의 의지에서 생겨나고, 우리의 거짓으로부터 탄생한다는 것.

예를 들어, 의식적인 사고(思考)는 으레 본능과 대비된다. 그러나 가장 의식적인 사고는 본능으로부터 정확히 정보를 얻고 움직이는 경향이 있다고 니체는 주장한다. 우리는 본능적으로 거짓보다 진실을 중요하게 여기지만, 삶의 조건을 위해서는 거짓도 소중할 수 있다. 아니, 심지어 없어서는 안 된다. 철학자들은 대개 객관성과 사심 없음을 강조하지만 그들에게 정보를 주는 것은 본능과 편견이다. 밑바탕에서는 소위 '진리'라는 해묵은 편견뭉치들이 발견되고, 이 '진리'들을 정당화하기 위해 나중에 철학의 전체적인 체계가 구축되는 것이다. 모든 철학은 본질적으로 철학자의 고백이기 때문에 무엇보다 그의 성격을 들여다볼 수 있다고 니체는 믿는다.

그는 이것을 더 자세히 설명하기 위해 스토아학파* 철학자들을 시작으로 많은 철학자들을 살펴본다. 우리에게 '자연에 따라' 살라고 권고하는 스토아학파 철학자들은 우리를 자연의 모습으로 재창조하려는 것이 아니라 자연이 '스토아 철학에 따르기'를 원하며 모든 존재를 자기들 모습에 맞춰 다시 창조했다. '가장 정신적인 권력에의 의지'인 철학은 '언제나 자기 모습에 따라 세계를 창조하고, 달리 할 수 있는 것은 없다'고 니체는 말한다. 이 같은 의지는 가장 중요한 본능이며, 심지어는 자기보존 본능보다 더 근본적이다.

---

* **스토아학파**: 기원전 3세기 키프로스의 제논이 창설한 철학의 한 유파. 욕망 억제를 통해 행복을 얻는다는 금욕주의 철학을 확립했다. 학파의 명칭은 제논이 그림이 죽 걸린 stoa(주랑 柱廊)에서 강의한 것에서 유래.

니체는 반사실주의, 칸트 철학, 유물론적 원자론*도 해부한다. 칸트는 '선험적(先驗的) 종합' 판단** 능력이 있다는 사실을 믿을 만한 간접적 이유 외에는 제시한 것이 없다고 니체는 주장한다. '선험적 종합' 판단은 결코 가능한 것이 아니고, 잘못된 판단일 뿐이다. 그럼에도 불구하고 우리는 '선험적 종합' 판단에 대한 믿음이 필요하고, 설사 우리가 그러한 능력을 가지고 있지 않더라도 그 능력을 믿을 것이다.

철학자들의 다른 편견은 '당장 확실한 것'에 대한 믿음이다. 대표적인 예가 내가 지금 생각하고 있다는 것은 부인할 수 없는 사실이란 데카르트***의 주장이다. 이러한 확신은 "나는 생각하고 있다"란 것의 의미를 숙고해 보지 않았기 때문에 나온 것일 뿐이다. 생각 주체가 '나'라고 확신하는 이유는 무엇인가? 내가 그 사고의 원인이란 말인가? 생각이 내게로 온 것은 아닌가? 생각이 생각하는 것은 아닌가? 내가 하고 싶다거나 느끼고 있다거나 그런 것이 아니고, 내

---

* **유물론적 원자론**: 우주에는 원자들과 그것들이 운동할 수 있는 공허만 존재하며, 원자의 운동에 따라 원자 상호간에 충돌이 일어나면서 세계가 생성되므로 인간과 신도 모두 원자의 결합물에 지나지 않는다. 그리스 철학자 데모크리토스가 주창했으며, 여기에 도덕적 이론을 접목한 것이 에피쿠로스주의(쾌락주의).

** **'선험적 종합' 판단**: 경험하지 않고서도 얻을 수 있는 선험적(priori) 지식(분석 판단)과 경험에 의해서만 생겨나는 후험적(posteriori) 지식(종합 판단)의 장점을 합친 것.

*** **데카르트**(Rene Descartes, 1596-1650): 프랑스 철학자, 수학자, 물리학자. 신적 초월성을 주장한 중세적 사고에서 벗어나 '인간'에게 의미를 부여하기 시작한 근대 철학에 중요한 인식론적 기반을 제공했다. 주요 저서는 〈방법서설〉, 〈철학의 원리〉 등.

가 생각하고 있다는 것을 가정이나 확신도 없이 어떻게 안다는 것인가?

니체는 특히 '자유의지'의 개념에 대해 매우 엄격하다. 먼저, 의지는 우리가 이해하고 있는 것보다 상당히 복잡하다고 주장한다. 의지는 명령의지와 복종의지가 뒤섞인 것인데, '나'라는 말에 의해 모호해지고 있다는 것이다. '의지'의 자유는 명령하고 순종하는 주체가 모두 '나'란 사실을 인정해야만 가능하다. 자유의지의 개념은 의지가 '원인'이라는 인과관계에 관한 잘못된 이해에 바탕을 두고 있다. 인과론은 자연이 법칙에 따라 지배받는다는 물리학의 한 부분을 말한다. 그러나 이것은 현대 정신의 민주주의적 본능으로 자연을 해석하는 방법이다. 자연은 전혀 법칙이 없고 의지의 자유로운 행사에 의해서만 지배된다는 것이 니체의 주장이다.

'진리'에 대한 니체의 이해는 섬세하고 심오하다. 논리적으로 말하면 '진실'과 '거짓'은 문장과 제안에나 적용되는 것이지 사물이나 의지나 사람에는 해당되지 않는다. 진실이란 취지의 주장은 어떤 특정한 견해를 표시한 것에 불과하다. 니체에 의하면 어떤 관점으로도 절대적인 진리를 이해할 수는 없다. 사람마다 사물을 보는 관점이 다를 뿐이다. 어떤 사람이 오직 하나의 관점에서 사물을 본다면 왜곡되고 불완전한 것이다. 진리는 오직 의견으로서만 표시할 수 있기 때문에 하나의 관점, 특정한 관점을 요구하지만 그 관점에서 진리를 주장하는 것은 진리의 보다 큰 모습을 왜곡하는 것이므로 전체 모습을 왜곡시킨다고 말할 수 있다. 일단, 절대적 진리와 절대적 거짓에 대한 믿음을 버리면 진리와 거짓의 관계는 한결 풍성하고 복잡해진다.

우리가 말하는 '진리'는 절대적인 것이 아니라 우리가 보는 것을 특별하게 해석한 것이라고 니체는 지적한다. 이를테면, 자연의 활동을 특정한 민주주의적 관점에서 본다면 자연이 법칙에 따라 움직인다는 말은 '진리'일 수밖에 없다는 것이다. 니체도 자연의 규칙성을 인정하지만 그 규칙성을 법칙의 지배가 아니라 강한 의지에 의한 약한 의지의 한결같은 지배로 해석한다.(의지에 관한 이야기는 머지 않아 등장한다.)

체험에 관한 해석은 결국 우리가 선택하는 관점에 바탕을 두게 되고, 그 관점은 대개 도덕적 가정과 편견에 근거한다. 우리는 세상을 자기가 원하는 방식으로 본다. 독자적인 시각에서 세계를 보고 정당화시키는 작업을 하는 철학자들은 다른 사람이 아닌 자신의 관점에서 세계를 보아야 하는 이유를 제시하고, 결국에는 어떤 사물에 대한 자신의 도덕적 편견과 관점을 '진리'라고 생각한다. 그렇게 보면 철학은 자서전과 다를 게 없다. 철학자들이 자신에게 동기와 힘을 부여한 것을 다른 사람들에게 정당화하고 확신시키려고 들기 때문이다.

상대적 진리와 관점에 관한 많은 이야기들에 대해서도 니체는 확실히 반대한다. "단순히 진실이라거나 거짓이라는 것들이 있지 않을까? 1+1=2는 내 관점에 의존한 것이 아니다." 지당한 말씀이다. 니체의 말뜻을 이해하려면 '권력에의 의지'란 개념을 이해해야 한다.

니체에 따르면, 우주의 의미심장한 사실은 항상 변하고 있다는 점이다. 사실과 사물들에 대한 철학은 우주가 고정되어 있다는 오해만 더욱 깊게 만들 뿐이다. 니체는 우주의 모든 변화를 일으키는 매개체가 의지라며, 그의 철학의 초점을 의지에 더욱 맞춘다. 모든 의지는 서로 지배, 독립, 우위를 차지하기 위한 투쟁이고, 그것이 우주 변화의 근원이다. 이러한 변화는 다른 의지들로부터 독립하고 그것들을 지배하기 위한 투쟁, 즉 니체가 말하는 '권력에의 의지'에 의해 이루어진다. 니체는 사람을 '사물'이나 '자아'가 아니라 서로를 지배하려고 다투는 의지들의 복합체로 보고, 철학을 '가장 정신적인 권력에의 의지'라고 말한다. 그것은 철학자의 입장에서 보면 자신의 편견과 가정, 즉 자신의 '정신'을 다른 사람들에게 강요하려는 노력이기 때문이다. 철학자는 자신의 의지가 '진리'이기를 바란다.

앞서 말한 반대로 되돌아가자. 1+1=2라는 것은 의문의 여지가 없다. 그러나 이 진리는 단순사실이다. 누가, 어째서 그런 주장을 했는지를 묻지 않는 한, 우리가 얻는 것은 전체적인 모습의 일부에 지나지 않는다. 왜 수학자들은 평생을 바쳐 그런 진리를 추구하고 있는가? 수학자들에게 그것은 어떤 의미를 갖는가? 진리에 대해서는 어떤 의미를 갖는가? 수학을 추구하는 데는 어떤 의지들이 작동하고, 어떤 의지가 지배하는가? 니체는 사실과 사물이 아닌 의지를 추구하는 철학자인 만큼 이런 의문들에 관심이 많다. 철학자들의 '진리'는 각자 의지의 표현이지 단순한 사실의 표현이 아니다. 진리에 관해 특별한 관점을 갖는다는 것은 특정한 의지가 지배하고 있다는 증거다.

니체가 짜증스러워하는 것 중 하나는 문법, 특히 주어-술어법이 철학에 미치는 영향이다. 예를 들어, 니체는 "나는 생각하고 있다"는 말을 행동주체가 '나'이고 '내가' 생각이란 행동을 한다는 뜻으로 우리가 오해하고 있다고 비판하고, 우선 '나'는 표면적으로는 안정된 존재지만 본질적으로는 서로 다투는 의지들의 복합체라고 설명한다. 더 나아가 생각은 우리가 만드는 것이 아니라 우리에게 오는 것이다. 말로는 만족할 만한 표현이 불가능하겠지만, "나는 생각하고 있다"를 좀더 복잡한 문장인 "이런저런 장소와 시간에 생각하려는 의지가 다른 의지들을 지배하게 되었다”고 바꾸는 쪽이 한결 낫지 않을까.

Chapter 2
자유정신의 소유자들

니체는 우리의 지식은 언어로 표현할 수 있고 모든 사람들이 알아들을 수 있도록 진리를 단순화시킨 것이란 말로 이 부분을 시작한다. 그렇다면 본질적으로 우리가 지닌 지식에의 의지는 무지에의 의지 위에 형성되고, 심지어 무지에의 의지가 정제된 것이다. 철학자들은 무엇보다 진리나 지식의 옹호자인 척해서는 안 된다. 그들의 '진리'는 편견일 뿐이다. 옳다는 것이 증명된 철학자는 한 사람도 없다. 철학자는 스스로에게 의문을 던지고 마음을 편견에서 해방시킬 때만 최상의 상태가 된다.

우리들 사이에 숨어 있는 '자유정신의 소유자들'은 어렵고 위험한 삶이기는 해도 고독과 독립을 먹고 산다. 혼자가 되면 다른 사람들은 이해할 수 없는 미지의 위험에 직면한다. 성공과 실패는 오직 자신에게 달렸고 그 누구도 함께 책임질 수 없다. 이러한 자유정신은 보통사람에게는 잘못 해석되기 쉽고 잘못 이해될 위험도 있다. 지식에만 편중된 자유정신은 스스로 독립을 버리고 다른 사람들과 섞이게 만들며, 지식 세계는 예외보다 규칙에 더 흥미를 갖는다.

니체는 행동의 가치를 결과에서 찾는 '도덕 이전' 사회와 그 가치를 행동의 근원에서 찾는 현대의 '도덕적인' 사회를 간략하게 대비시킨다. 오늘날 우리는 행동을 주로 그 동기에 따라 칭찬하거나 비난한다. 그는 이러한 '도덕적인'의 세계관은 자기인식을 강조하기 때문에 '도덕 이전' 사회의 가치평가보다는 진전되었다고 생각하면서도 '도덕적인' 세계를 넘어 행동의 진정한 가치는 의식 아래 깔린 무의식적 충동에 있다는 사실을 인정하는 '도덕을 초월한' 세계를 넘보고 있다. 행동의 의도와 동기는 찾아서 분석해야 할 보다 복잡한 충동이 표출된 것에 불과하다고 한다면 우리는 도덕을 '초월'해야 한다.

생각, 진리, 도덕, 철학의 바탕이 되는 모든 것들이 지닌 가치에 의문을 제기한 니체는 충동, 욕망, 욕정을 빼면 '진정한' 것은 결코 없다는 사실을 인정하라고 요구한다. 예컨대, 생각은 궁극적으로 여러 충동들의 상호관계에 불과하다. 기계적이고 물질적인 세계가 우리의 충동을 자료로 이용하고 있다는 것을 어떻게 설명할 수 있겠는가. 만약 어떤 하나의 인과관계가 모든 것을 설명할 수 있다면 다른 이유들은 돌아볼 필요도 없지 않은가.

우리는 물질세계를 생명세계에서 분리된 것이 아니라 생명이 탄생하는 원시 형태의 생명세계로 해석할 수 있다. 의지는 신경이나 죽은 물체에는 영향을 미칠 수 없고 오직 다른 의지에만 영향을 미칠 뿐이다. 그러나 니체가 권하는 대로 우리의 모든 충동을 기본적인 권력에의 의지로 되돌아가 추적해 보면 세계와 그 '이해가 가능한 특징'을 온전히 권력에의 의지의 바탕 위에서 해석할 수 있다.

니체는 자유정신의 소유자와 깊이 생각하는 자의 본성으로 되돌아가는 것으로 이 장을 마무리한다. 대부분의 사람들은 진정한 본성을 감추기 위해 '위장'하기도 하는 이들을 이해하지 못하기 때문에 진정한 모습과는 다르게 볼 수밖에 없다. 독립적인 존재가 되려면 끊임없이 스스로를 점검하면서 그 어떤 것, 즉 다른 사람, 조국, 과학, 그리고 초연한 마음 자체와 마음속으로 높이 평가하는 가치에조차 집착해서는 안 된다. 니체는 독단론을 피하고 독립적인 정신을 얻기 위해 시련을 감수하는 자유정신의 소유자들, 다시 말해 '시도하는 사람들'이 새로운 세대의 철학자로 등장하게 될 것이라고 말한다.

진리와 지식에 대한 니체의 비판은 많은 사람들이 이

해할 수 있도록 만들어진 것은 반드시 왜곡되고 단순화되었다는 주장에 크게 근거한다. 진리와 지식은 사람들이 의지할 수 있는 인위적인 확신이다. 앞 장에서 니체가 지적했듯 우리의 '진리'는 편견이란 바탕 위에 세워져 있다.

사람들은 대부분 가정과 편견에 얽매여 있기 때문에 정말로 심오한 생각을 잘못 이해하는 경향이 있다. 우리는 지성이 감당할 수 있는 수준만큼 사물을 이해할 뿐이고, 이해가 미치지 못하는 생각은 단순화시키고 풍자적으로 묘사한다. 자유정신이 대중들에게 '변장'한 모습으로 나타나는 것은 이 때문이라고 니체는 지적한다. 사람들은 정신의 자유를 이해하지 못하기 때문에 전혀 다른 어떤 것으로 해석한다. 특히 니체가 쓴 책들을 잘못 이해하고 해석한다. 나치가 대표적이다. 그들은 니체의 이론을 본인의 의도와는 정반대로 해석했다. 니체가 의도하는 것은 잘못 해석되기 쉬운 많은 가정들을 재평가하는 것이다. '우리 역시 모순을 발견하기까지'는 절대 만족해서 안 된다는 철학자 카를 야스퍼스*의 말은 니체의 저서를 어떻게 읽어야 할지 실마리를 던져준다.

'자유정신의 소유자'란 표현은 편견에 근거한 것이면

---

* **카를 야스퍼스**(Karl Jaspers, 1883-1969): 독일의 실존주의 철학자. 인간의 자기 실존에 대한 직접적 관심으로부터 문제에 접근, '기계와 기술의 대중'에 의해 무의미·무력화된 인간의 본래 모습을 지향했다. 주요 저서는 〈철학〉(3권) 등.

그 어떤 확실한 사실이나 '진리'에도 얽매이지 않는 사람들
이란 뜻에서 나왔다. 그들은 모든 것에 의문을 갖도록 만드
는 극단적인 회의에 이끌린다. 그러한 회의가 어떤 결과를
가져오는지는 니체의 '도덕을 초월하는' 세계관에 대한 이
야기에서 감지할 수 있다. 지금의 도덕은 원인과 의도에 바
탕을 두고 있기 때문에 우리는 행동이 어떤 마음에서 행해
졌는지에 따라 선악을 구분한다. 니체는 이 견해가 우리의
의도를 단순하고 투명하다고 추정한다는 점에서 사실을 단
순화시킨다고 보고, 그 반대로 밖으로 드러난 의도는 많은
무의식적 동기를 감추고 있는 겉 표면에 불과하다고 지적
한다.(예를 들면, 누군가에게 베푸는 친절은 친절한 사람의
입장에서 보면 상대방에게 우월감을 가지려는 무의식적 욕
구에서 나왔을지도 모른다는 것.)

니체는 이 부분의 후반에서 자유정신을 가진 새로운
부류의 철학자들은 '시도하는 사람들'(번역하기에 따라서
는 '실험하는 사람들')이 될 것이라고 말한다. 이 명칭은 그
가 앞서 현대 철학에 부여한 독단주의란 명칭과는 대조적
이다. 이전 철학자들은 진리의 근거가 되는 편견을 정당화
하는 수단으로 복잡한 체계를 구축했지만, '시도하는 사람
들'은 놀라우리만큼 융통성이 있고 모든 편견을 조심스럽
게 피하며, 끊임없이 새로운 생각을 교묘하게 다루면서 매
력적이지 못하다고 해도 절대 버리지 않고 항상 열린 마음

으로 받아들인다. 니체는 권력에의 의지를 언급하면서 이러한 실험주의의 예를 제시한다.

그는 모든 현상을 설명할 한 가지 효과적인 원인을 찾아낼 수 있다면 많은 다른 원인들에 의존하는 쪽보다 나을 것이며, 권력에의 의지가 한 가지 효과적인 원인 역할을 할 테니 그 가정을 실험해 보라고 권유한다. 그는 인간의 모든 행동이 이 의지의 지배를 받는다고 믿는다. 예컨대, 누군가의 생각은 합리적이고 공평무사한 행위가 아니라 그 사람의 내면에서 일어나는 여러 욕구들 간의 다툼이란 것이다. 내가 어떤 특정한 생각을 한다는 것은 마음속의 욕구 중 어느 하나가 다른 욕구들을 물리쳤다는 신호에 불과하다. 만약 이러한 권력에의 의지가 우리의 생식과 생존본능도 지배한다면, 우주만물의 생명주기(週期)에 동기를 부여하는 것으로 볼 수 있다. 더 나아가 권력에의 의지는 생명체에만 존재하는 것이 아니라 생명이 없는 물체에서도 발견할 수 있다. 사람의 몸 같은 조직과 결합이 없을 뿐인 물과 돌은 어떤 것에 몰두하는 권력에의 의지가 없지만 움직이고는 있다.

니체는 이 모든 것이 무엇을 의미하는지 신중하고 정확하게 밝히지 않고 있다. 그러나 권력에의 의지에 관한 이야기는 그의 '실험적 방법'이 어떻게 이루어질 수 있는지를 보여주기 위한 것일 뿐, 실제 예라는 의미는 아니다. 니체

역시 다른 철학자들처럼 실망스러운 습관이 있다. 구체적인 것을 찾아낼 수 있다고만 말하지, 결코 직접 찾으려고 들지 않기 때문에 항상 일반론에 머물고 마는 것. 이러한 보편성은 언제나 잘못을 저지르기 쉽다. 니체의 '실험'은 대담하고 순진한 창조연습일지 모르지만 과학의 실험적 방법이 요구하는 엄밀성과 구체성이 결여되어 있다.

Chapter 3
종교란 무엇인가?

니체는 기독교 신앙이 요구하는 자유, 자존심, 정신적 자신감, 그리고 여타 많은 것들의 포기에 대해 깊이 생각한다. 이러한 기독교적 숭고함은 삶에서 좋은 것들을 모두 거부하고 고독, 겸손, 순결에 스스로를 내맡기는 성직자들의 자세에서 잘 드러난다. 금욕 생활은 시대와 장소를 막론하고 커다란 매력을 지닌다. 성자들은 자기비하를 최고 형태의 선으로 보이게끔 자신의 모습을 뒤집을 수 있기 때문이다. 그들의 힘은 바로 모든 자기거부의 가치가 지니는 신비함이라고 니체는 말한다. 스스로를 그러한 고문 속에 몰아넣는 사람은 우리들이 모르는 무언가를 알고 있을 것이 분명하다. 성자는 새로운 형태의 의지, 새로운 권력에의 의지를 모범적으로 보여주고 있는 것이다.

니체는 무신론적이면서도 종교적인 것이 현대인의 특징이라고 말한다. 이제는 신이 아버지, 심판자 또는 보상자란 생각은 통하지 않는다. 신은 우리의 기도를 듣지 못하고 설령 들었다고 하더라도 도울 수 없다. 가장 나쁜 것은 자신의 의사를 분명히 전달하지 못하는 것처럼 보인다는 점이다. 무신론의 성장에는 인식론적 회의에서 출발한 현대 철학이 크게 기여했다. 현대 철학은 주어-술어의 문법 형태에 의문을 제기하면서 술어와 구분되는 '나'란 것이 실제로 있는지를 물었다. 우리는 '나'의 주체성을 의심하면서 영혼의 존재를 의심하게 된다. 종교는 또 정신적인 것으로부터 마음을 빼앗긴다는 이유로 노동을 경시하는 유한계급이 될 것을 요구한다. 지금처럼 열심히 일하는 시대가 종교에 등을 돌리고 있다는 것은 놀랄 일이 못된다.

니체는 현대가 유신론을 초월해 생겨났고 무신론적이기는 해도 전보다 강한 종교정신이 특징이라고 말한다. 종교는 희생을 요구하고, 원시종교에서는 사랑하는 사람이나 처음 태어난 생명이 그 제물이 되었다. 자기와 가장 가깝거나 가장 사랑하는 사람을 제물로 바치라고 요구했던 것. 이 희생정신은 너무나 숭고해서 다른 사람 대신 자신을 희생하게 되었고, 신에게 의지, 자유, 힘을 바쳤다. 자신을 완전히 희생한 다음의 논리적 단계는 당연히 우리가 모든 희망과 믿음을 주었던 유일 존재인 신을 희생시키는 것이었다. 신을 희생시킨 다음 남은 것이 아무것도 없는 우리는 돌, 중력, 어리석음, 운명, '허무(虛無)'를 숭배한다. 신과 과학을 바꿔 신 대신 과학을 경배하고 있는 것.

그러나 우리가 비관주의와 허무주의에 깊이 빠져들면 누구보다 생명을 긍정하는 사람, 즉 존재하는 모든 것과 화합을 이룰 뿐 아니라 그것이 영원히 반복되기를 원하는 사람을 다시 찾게 될지도 모른다고 니체는 말한다.

종교는 사람에 따라 다른 의미를 가질 수 있다. 지배계급에게는 아랫사람들로 하여금 규칙을 지키도록 만들고, 승진하는 사람들에게는 스스로를 단련시키고 장차 남을 지배하는 자리에 올랐을 때를 준비하게 하며, 일반대중에게는 낮은 위치에 만족하는 법을 가르쳐준다. 그러나 종교는 다른 사람들의 목적만을 위해 존재하는 것은 아니고, 기독교 신앙은 자체의 목적이 있다. 우선, 인종을 유지하고 보살핀다. 병들고 심약한 다수를 보존한다는 뜻이다. 따라서 그것이 보살피는 사람들의 고통과 나약함을 존중한다. 이것은 우리의 도덕적 가치평가를 완전히 뒤집어 나약함과 고통은 '선'이 되고, 건강과 힘은 '악'으로 간주한다. 우리는 유럽의 '영적인 사람들'을 존경하게 되지만, 우리 모두의 숭고한 본능이 지니는 가치를 평가절하해서 진부하고 평범한 유럽을 탄생시켰다고 니체는 결론짓는다.

여기서 니체가 전하려는 핵심은 주인 도덕과 노예 도덕 사이에 중요한 차이가 있다는 것이다. 원래 도덕은 건강, 힘, 자유 같은 것들은 좋고, 그와 반대되는 것들은 나쁘다는 식이었지만, 유대교와 기독교의 '도덕에 대한 노예들의 반란'으로 뒤집히고 말았다. 건강하지도 강하지도 자유롭지도 않은 사람들이 권력자들에게 항거해 이들을 '악'으로 규정하고, 약하고 병들고 가난한 자신들을 '선'의 자리에 올려놓은 것. 이러한 상황은 공격 본능을 모두 마음속으로 향하게 하는 데서 힘을 얻는 금욕주의적인 성직자들에게는 놀라운 반전이 아닐 수 없다.

니체는 공격 본능을 밖으로 표출할 힘이 없는 대다수 인간들을 '나약하고 병든' 것으로 규정한다. 가여운 노예는 동물적 본능을 터뜨릴 출구를 찾지 못하고 마음속으로 돌려 억압자들을 향해 분노를 키운다. 우리들 대부분 역시 공격 본능을 밖으로 표출시키지 못하기 때문에 기독교는 그 약점을 이용해서 가난과 순결과 겸손을 보상하는 천국을 만든다. 그리고 이 세상에서 힘을 갖지 못한 사람들은 내세에서 힘을 갖게 될 것이라고 확신한다.

이처럼 기독교는 병과 나약함을 조장하고 보상한다. 우리 스스로가 이것들을 극복해야 한다고 생각하는 니체는

기독교는 강해지려 하지 말고 나약함에서 위안을 찾으라고
설득한다. 유럽에서는 이러한 기독교적 본능이 아주 강력
해지자 평범함을 추구할 가치가 있는 목표로 꼽게 되었다.

　　일반적으로 과학은 종교와 대립되는 반정립
(antithesis), 즉 신앙과 미신에 대항해야 하는 이유의 본보
기로 간주된다. 그러나 니체는 과학을 종교에 반대되는 힘
이 아니라 최근에 생겨난 또 다른 형태의 종교라고 생각한
다. 무신론이 점점 팽배하는 시대에 살고 있으면서도 나약
함과 평범함을 향한 기독교적 본능이 그 어느 때보다 강한
시대라고 믿는 것. 오늘날 과학이 엄청난 힘을 갖게 된 까
닭은 물리학의 법칙과 물질들의 상호작용 이외에는 아무런
'의미'가 없다고 가르치기 때문이다. 과학 세계에서는, 금욕
주의가 너무 강해지면서 버렸던 힘, 건강, 행복뿐만 아니라
전에는 금욕주의를 정당화하는 유일한 이유였던 신마저 버
렸다. 니체는 이러한 긍정적 신앙의 부재를 '허무주의'라며,
매우 위험한 상황이라고 생각한다. 우리는 겨냥해야 할 보
다 높은 목표가 필요하고, 그것이 없다면 삶을 통째로 포기
해야 한다.(다른 저서에서 니체는 이 시대의 허무주의를 방
치하면 결국 지구상에서 지금까지 보지 못했던 전쟁이 터
질 것이라고 암시한다.)

　　니체는 제56항에서 허무주의에 대항할 수 있을 것으로
기대되는 힘을 잠깐 암시한다. 우리가 무의미한 일들이 계

속 일어나는 세계에 즐거움을 느끼고, 그 일의 반복 이외에
는 바라는 것이 없다면 우리를 위협하는 허무주의의 공허
를 긍정하는 셈이 된다. 니체는 〈차라투스트라는 이렇게 말
했다〉의 절정 부분에서 그의 모든 철학이 도달하는 꼭짓점
으로 생각하는 '영원회귀'란 말을 꺼내지만, 불행히도 영원
회귀가 무엇인지 또는 어떤 의미인지에 대해서는 철학자마
다 의견이 다른 것 같다.

그나마 질 들뢰즈*가 다소 체계적인 설명을 펼치고 있
다. 그는 영원회귀를 '생성의 존재(being of becoming)'라
고 말한다. 돌이켜보면 니체의 형이상학은 우주의 기본 특
징이 변화이지 불변성이 아니란 주장에 바탕을 두고 있다.
똑같은 상태로 남아 있는 것보다 변하는 것에 초점을 맞춘
다면 결국 우주는 영원히 생성하는(becoming) 과정에 있
음을 알게 된다. 모든 철학과 종교는 신이든 도덕이든 플라
톤의 이데아이든 과학 법칙이든 사물의 근거가 될 수 있는
영구적인 그 어떤 것을 찾는다. 그러나 만약 고정된 것도
진리도 없다는 것을 인정하면서 이러한 불변성을 찬양한다
면 우리는 '생성의 존재'임을 축하하고 모든 독단론과 신앙

---

* **질 들뢰즈**(Gilles Deleuze. 1925-95): 프랑스 철학자. 유럽의 2대 지적 전통인 경험론
과 관념론의 기초 형태를 비판적으로 해명했다. 철학·문학·영화·예술 분야에서 영향
력 있는 저작을 남김. 주요 저서는 〈차이와 반복〉, 〈자본주의와 정신분열: 안티 오이디
푸스〉 등.

에서도 벗어날 수 있다.

들뢰즈의 견해는 영원회귀에 대한 해석 중 하나일 뿐
이다. 발터 카우프만*은 들뢰즈보다는 덜 모험적인 견해를
제시한다. 영원회귀란 단순히 같은 일의 계속적인 반복을
의미한다는 것. 이처럼 영원회귀에 대한 해석에는 많은 차
이가 있지만, 니체 철학의 절정은 결국 모든 삶과 선과 악
을 '긍정'하고, 현세를 넘어선 것에 대한 믿음이나 희망 없
이 있는 그대로를 받아들이는 능력이란 데에는 견해가 일
치하는 듯하다.

---

* **발터 카우프만**(Walter Kaufmann, 1921-80): 미국 철학자, 번역가, 시인. 죽음, 철학,
유신론, 무신론, 기독교, 유대교, 문학 등, 광범위한 분야에 걸쳐 많은 글을 썼다. 특히
니체 연구와 번역으로 유명함.

Chapter 4
잠언과 간주곡

이 장은 폭넓은 화제들에 대한 한 줄이나 두 줄짜리 잠언 122편(제63-185항)으로 구성되어 있다. 여기서는 잠언을 개별적으로 다루지 않고 전체를 꿰뚫는 몇 가지 주제를 추적하는 한편, 특별히 설명에 도움이 되는 몇 편의 잠언을 부각시킬 예정이다.

주로 심리적 관찰에 초점을 맞춘 니체는 동기와 욕망을 투명하고 쉽게 이해할 수 있는 것으로 생각하는 우리의 습관을 나무란다. 예를 들어, "우리 모두는 자신 앞에서는 실제보다 단순한 척하고, 이렇게 해서 다른 사람들로부터 떨어져 휴식을 취한다"(제100항)고 말한다. 우리는 자신을 완전히 이해하는 듯한 태도를 취하지만 실은 생각보다 훨씬 복잡한 존재이며 상충하는 욕망들로 채워져 있고, 이성으로는 이 욕망들을 편견 없이 바라볼 수 없다는 것. 제158항에서는 우리의 이성과 양심은 모두 가장 강한 충동인 '우리 내부에 있는 폭군'에게 머리를 조아린다고 말한다.

니체의 관찰은 우리가 감추려고 하는 것들을 많이 들춰낸다. 예를 들어, 누군가를 싫어하면 그 사람보다는 자신에 대해 더 많은 것을 말해 준다고 지적한다. "다른 사람들의 허영은 나의 허영에 거슬릴 때만 입맛이 쓰다."(제176항) "나보다 나은 사람이 허물없이 굴면 나는 그렇게 해줄 수 없기 때문에 화가 난다."(제182항) 또 그는 우리가 여러 가지 생각과 행동 뒤에 숨겨진 보다 은밀한 동기를 깨닫지 못하는 이유도 지적한다. "'난 그것을 했다'고 내 기억은 말한다. '내가 그것을 했을 리 없다'고 말하며 내 자존심은 좀체 굽히려 들지 않는다. 결국에 가서는 기억이 지고 만다."(제68항) 자존심은 자신의 실체를 보지 못하게 하고, 온갖 자기기만으로 자신을 감추려 한다. 그러나 주의 깊은 관찰자는 무의식 속에 드러나는 본심을 통해 감춰진 것을 알아낸다. "입으로는 거짓말을 할 때도 그 모양은 여전히 진실을 말하고 있다."(제166항)

우리의 마음속 생활은 펼쳐진 책이라기보다는 전쟁터다. "호전적인 사람은 평화로운 상황일 때 자신을 공격한다."(제76항) 충동이 싸울 상대가 없을 때는 방향을 안으로 돌려 자신에게 싸움을 거는 것. 우리의 이성, 생각, 도덕은 모두 다른 충동의 표현일 뿐이다. 순수하게 자신의 것인 의지는 없다. "어떤 감정을 극복하려는 의지는 다른 감정이거나 감정들의 의지일 뿐이다."(제117항) 이러한 마음속 싸움은 힘겹기 때문에 가장 강한 사람만 감당할 수 있다고 니체는 생각한다. "괴물과 싸우는 사람은 그 과정에서 자신마저 괴물이 되지 않도록 주의해야 한다. 내가 심연을 들여다볼 때는 심연 역시 내 마음속을 들여다본다."(제146항)

니체는 도덕을 우리 내부의 싸움에서 탄생한 것으로 본다. 제143항에서는 "우리의 허영심은 우리가 가장 잘하는 것은 우리가 가장 하기 어려운 것으로 간주되기를 바란다"면서, 결국 도덕의 대부분은 이런 마음에서 나온다고 지적한다. 도덕은 스스로 존재하는 것이 아니라 마음속 충동이 지시하는 대로 세계를 보는 방식에 불과하다. "도덕적 현상이란 것은 결코 존재하지 않는다. 현상을 도덕적으로 해석할 뿐이다."(제108항)

이 장에 나오는 잠언들은 자연, 지식의 가치, 여자의 심리(니체에게는 서투른 분야), 기독교 신앙, 남녀의 구별, 민족주의, 가르침과 배움 등 많은 화제를 다루고 있다.

이 부분에서 니체는 앞서 출간된 일부 작품의 형태로 돌아가고 있다. 〈인간적인, 너무나 인간적인〉, 〈서광 *The Dawn*〉, 〈즐거운 지식 *The Gay Science*〉은 여러 주제에 관한 금언과 잠언들을 특별한 순서 없이 모아놓은 것이다. 〈선과 악을 넘어서〉가 이러한 초기의 저서들보다 한결 짜임새 있는 철학이라고 한다면 이 '간주곡'을 쓴 목적이 무엇인지 궁금하다.

이 장의 주제는 앞서 출간된 저서들과 비슷하며, 서로 연결성은 없지만 재치가 넘치고 심리적이고 통찰력 있는 다른 형태의 관찰들로 가득하다. 이것들은 니체의 성숙한 철학을 구축하는 재료가 되었다. 그는 이러한 관찰을 통해 권력에의 의지가 모든 것의 동기가 되는 숨겨진 욕구임을 암시하고, 〈차라투스트라는 이렇게 말했다〉에 나오는 초인과 영원회귀의 개념을 만들어냈다. 이 작품에서부터 니체의 철학은 좀더 짜임새 있고 통제된 모습을 띤다. 이를테면, 〈선과 악을 넘어서〉는 연결성 없는 잠언들을 늘어놓은 형식이 아니라 장(章)과 주제에 따라 묶고 주요 결론을 도출하는 형식을 취하고 있다.

그러나 〈선과 악을 넘어서〉가 니체의 사상을 완벽하게 제시하려면 심리적이고 다른 형태의 관찰을 통해 좀더 조직화된 사상을 구축해야 하는데, 이 장에서는 주로 그런 작업이 이루어진다. 다른 장들은 니체의 성숙된 철학의 출현과 더불어 형태를 잡아가는 주제들을 다룬다. 그 관찰들은 이 성숙한 철학의 바탕이지 결과는 아니기 때문에 다른 장에서 나오는 생각의 형태와 방향이 담겨 있지 않다.

심리학에 대한 니체의 견해는 앞서 언급되었다. 그는 인간의 마음과 의지가 통일되고 투명한 개념이라는 데 반기를 든다. 만약 그렇다면 정(靜)적인 개념이기 때문에 생각과 양심 같은 동(動)적인 과정은 존재할 수 없다는 것. 우리에게 심지어 내면의 생활이 있다는 것은 마음속의 여러 욕구가 서로 이기려고 싸우고 있다는 뜻이다. 마음을 이처럼 서로 경쟁하는 욕구들의 싸움터라고 본다면 우리는 자신을 편견 없이 바라볼 수 있다는 생각을 더 이상 하지 못한다. 우리가 생각하는 자신은 어느 때 어느 욕구가 지배하느냐의 관점에 따라 항상 치우치게 마련이며, 우리 자신을 구성하는 욕구들의 복합체를 나타내는 것이 아니다. 니체는 허영심이나 자만심은 동기나 감정이 실제와는 다르다는 것을 납득시켜준다고 말한다. 자기기만은 '자아'가 속이는 자와 속는 자로 갈라졌을 때만 가능한 개념이다.

이러한 견해는 그가 비판하려는 것이 무엇인지를 말해준다. 특히 도덕은 단순하고 이성적인 것이 아니라 마음속의 욕구들이 저마다 세상을 원하는 모습으로 바꾸려고 싸우고 있는 것에 불과하다.

니체가 여기서 말하는 것은 대부분 프로이트 이후의 세계보다 이해하기가 쉽고 수긍이 간다. 당시에는 무의식이란 개념이 도입되지 않았기 때문에 서양 정신철학의 중심 주제는 정신을 펼쳐진 책으로 보는 데카르트의 합리주의였다. 우리는 니체에게서 프로이트의 선구자 같은 면모를 엿볼 수 있고, 프로이트 역시 니체의 덕을 톡톡히 보았다고 인정했다.

Chapter 5
도덕의 자연적인 발전사

　도덕은 인류만큼이나 역사가 길고, 수천 년 동안 그 종류도 아주 많았다. 오늘날의 윤리철학자들은 이러한 역사관이 없고, 도덕의 '합리적 토대'를 찾기 위해 하는 일이란 자신의 도덕을 정당화하려는 것이 고작이다. 그들은 자신의 도덕관 테두리를 벗어나지 못하기 때문에 도덕 개념에 문제가 있어도 의문을 제기하고 바로잡을 필요가 있다는 것을 알지 못한다.

　우리가 이룩한 위대한 것들은 모두 오랜 세월 오직 하나의 특정 방향에만 엄격하게 순응한 결과다. 위대한 예술, 위대한 사상, 위대한 정신은 끈기 있고 가혹한 단련으로 이루어진 것이다. 우리는 오로지 일종의 예속과 고난을 통해 스스로를 다듬을 수 있다.

　니체는 우리가 생각보다 기록을 제대로 못하고 있다고 주장한다. 이를테면, 나무 한 그루를 볼 때, 가지와 잎사귀

하나하나 같은 세세한 부분은 보지 않고 대충 전체 모습만 보고 그것을 토대로 작은 부분은 머릿속에서 그린다는 것. 책을 읽을 때도 몇 단어만 읽고는 이 단어들을 이미 알고 있다고 생각하는 것에 꿰어 맞추는 식이다. 그런 의미에서 보면 우리는 모두 발명가이고 예술가이고 거짓말쟁이이며, 우리가 '지식'이라고 부르는 것은 속임수라고 니체는 주장한다.

사람은 저마다 추구할 가치가 있다고 생각하는 대상이 다를 뿐 아니라 그것을 갖기 위해 취하는 행동도 다르다. '섹스'를 했다고 해서 여자를 '소유'했다고 생각하는 사람이 있는가 하면, 여자가 남자를 위해 모든 것을 포기할 마음이 있을 때 비로소 소유했다고 생각하는 사람도 있다. 두 번째의 소유는 여자가 남자를 보다 깊이 안다면 남자도 여자에게 자신을 최대한 알릴 수 있기 때문에 더욱더 가치가 있다. 니체는 소유의 수단으로서 순결과 교육도 예로 들고 있다. 이를테면, 교사는 학생들에게 자신의 관점에 따라 세상을 보게끔 만드는데, 이것이 결국은 교육을 통해 또 한 사람을 소유하게 되는 예라는 것.

니체가 개탄하는 '도덕에 대한 노예의 반란'은 부자와 난폭자와 음란자를 악으로 생각하고, 가난한 자를 선으로 여긴다. 우리는 건강하고 위험하고 격정적인 것을 모두 병리현상으로 보게 되었다. 이 '무리'의 도덕은 '행복'이란 이름으로 보다 어두운 본능을 피해야 한다고 주장한다. 이런 주장이 맞는 사람들도 있겠지만, 니체는 도덕을 가르치는 사람들이 개인마다 다를 수 있는 문제를 일반화시키고 있다고 비판한다. 그리고 명령하는 사람보다는 명령을 따르는 사람들이 항상 많지만, 대다수의 사람이 어떤 원칙을 따른다고 해서 모두가 따라야 할 일반원칙이라고 결론지어서는 안 된다고 지적한다. 오늘날에는 명령하는 사람이 명령을 거의 수치스럽게 생각해서 신, 법률, 혹은 사람들의 이름으로만 그것을 행한다.

니체는 우리의 도덕적 평가가 주로 두려움에 바탕을 둔 것이라고 암시한다. 외부 위협으로부터 안전한 공동체에서는 공격적인 구성원은 위협으로 간주되기 때문에 우리의 도덕은 활기 넘치는 것은 모두 비난하고, 온순하고 평범한 대중을 선호한다. 이러한 '무리'의 도덕은 그 자체를 둘도 없는 진정한 도덕이자 무리의 구원자라고 선언한다.

민주주의적 감정이 모두를 길들여 하나같이 탈출구도 없는 평범한 사람들로 만들지 않을까 우려하는 니체는 '새로운 철학자'들이 나타나 평화와 평범함에 대한 갈망으로부터 탈출하는 길을 안내해 달라고 호소한다.

　앞에서도 언급했듯 니체는 모든 욕망은 결국 권력에의 의지에서 나온다고 본다. 내가 이웃 사람을 때린 것이나 선물을 준 것은 모두 권력에의 의지가 표출된 것이고, 우월감을 느낄 수 있는 방법이다. 그러나 어떻게 똑같은 의지에서 정반대되는 두 가지 행동이 나올 수 있을까? 니체는 권력에의 의지를 승화시키는 법을 배워 좀더 세련되고 은근하고 차원 높은 방향으로 표출해야 한다고 암시한다. 이웃 사람을 때리는 행위는 권력에의 의지를 있는 그대로 나타낸 것으로 당장은 만족을 얻을 수 있다. 그러나 그 의지를 순화시켜 폭행 충동을 억누르고 선물을 주면 이웃 사람은 내게 신세를 졌다는 느낌을 갖게 될 것이고, 나는 폭행을 했을 때보다 그 의지를 더 크고 오래도록 득의양양하게 느낄 수 있다는 것.

　니체는 예술, 사상, 정신의 고상함도 일종의 순응에 의한 것이라며, 승화의 중요성을 강조한다. 명령할 수 없으면 노예가 되지만, 순응하지 못하면 무지한 야만인이 된다. 진정한 예술가는 자기와 예술을 단련시키기 위해 아무리 혹독한 법이라도 순응한다. 순응과 승화는 함께 간다. 순응을 통해 권력에의 의지를 승화시키는 법을 배운 예술가는 창조 행위 속에서 그 의지를 강렬하게 느낀다.

우리는 니체의 소유론에서도 승화의 개념이 나타나는 것을 본다. 섹스로 여자를 '소유'하겠다는 남자는 승화되지 않은 원시 상태의 동물적 욕망을 가지고 있을 뿐이다. 여자가 그를 위해 모든 것을 포기하기를 바라는 남자는 여자에게 느끼는 권력에의 의지가 다소 세련된 사람이다. 그는 여자가 그를 깊이 알면 허상이 아닌 진정한 그를 위해 모든 것을 포기하리란 사실까지 안다. 자신을 여자에게 깊이 보여주려면 먼저 그만큼 자신을 알아야 하고, 무엇보다 권력에의 의지를 승화시켜야 한다.

이제 우리는 니체가 선이라고 생각하는 것이 승화된 권력에의 의지란 것을 알게 되었다. 노예는 무력하고, 현대 유럽인들은 의지가 없고, 야만인들은 승화가 부족하다. 니체는 폭력적인 야만인들의 '건강한' 힘을 찬양하지만, 현대 유럽인들의 무능에 대한 대안(代案)으로서일 뿐이다.

니체가 추구할 만한 가치가 있다고 생각하는 것을 다른 도덕과 비교해 보면 그가 어째서 공리주의, 민주주의, 기타 '길들이는' 힘들을 그토록 통렬히 경멸하는지 이해할 수 있다. 지금의 유일한 윤리인 기독교 윤리는 모든 사람이 그 대상이기를 바란다. '모두'가 이웃을 사랑해야 하고, '모두'가 최대 다수의 행복을 마음속에 두고 행동해야 한다. 니체는 이것이 우리의 무리본능에 호소하기 때문에 '무리'의 도덕이라고 부른다. '무리'의 도덕은 모두가 똑같은 사람이고 똑같은 규칙을 따라야 한다고 생각한다.

니체는 모두에게 권력에의 의지를 승화시키라고 당부하지는 않는다. 그는 애초부터 무지한 노예로 태어난 일부 사람은 관심 밖에 두고 있으며, 잠재적으로 위대한 소수가 '무리'의 설교에 유혹당해 다른 사람들과 똑같은 규칙을 따라가려고 하는 것이 걱정스러울 뿐이다. 그는 이 규칙들이 대개 좀더 자유롭고 위험한 사람들을 억제하기 위해 존재한다고 생각한다. 민주주의는 우리 모두를 똑같은 사람으로 만들려는 또 다른 시도에 불과하다는 것.

무신론자들은 니체의 저서를 읽고 기독교 신앙, 도덕, 평범함에 대한 비판에는 고개를 끄덕이지만 민주주의를 헐뜯는 것에 대해서는 의아하게 생각할지 모른다. 우리들 대부분이 민주주의가 대단하다는 생각을 갖도록 교육을 받았기 때문이다. 여기서는 니체와 민주정신을 통합하려 하지 않고, 어느 편에도 서지 않을 것이다. 다만 니체의 대담한 세계관이 현재 우리가 당연시하는 모든 것과 크게 충돌하는 한 가지 방식을 부각시킨 것으로 만족한다. 어쨌든 니체에게 오늘날의 자유민주주의는 당시의 독일보다 훨씬 나빠 보일 것이다. 오늘날의 소비지향 사회는 모든 사람이 최대한 편리하게 살도록 하는 데 온 힘을 쏟고 있는데, 니체가 지향하는 승화된 권력에의 의지는 우리들의 삶을 되도록 어렵게 만들 것을 요구하는 투쟁에서 얻어진 결과다.

Chapter 6
우리 학자들

이 장에서는 니체가 생각하는 진정한 철학자들, '철학 노동자들', 학자들이 대비된다. 과학과 학문의 대성공으로 대개 철학은 지식이론과 관련시킨 과학을 장황하게 논하는 수준으로 격하되었다. 진정한 철학자는 과학 위에 설 수 있어야겠지만 지식의 덩치가 커지면서 그 일은 점점 더 어려워진다.

니체는 현대 학자들의 객관적 정신에 비판적이다. 자기의 연구에서 자신을 제거하고 보편적인 것에만 매달리면 우리가 이미 알고 있는 것을 이해하고 그것을 통해 과거와 타협하고 과거를 극복하는 데는 도움이 되겠지만 이 객관적 정신을 목적 자체로 보아서는 안 된다. 오히려 그것은 철학자와 예술가가 새로운 것을 창조하는 데 사용할 수 있는 수단이다. 니체는 진정한 천재는 '생산하거나 출산하는 존재'라며, 학자들을 노처녀라고 비아냥대면서 양쪽 모두

'인간의 가장 가치 있는 앞의 두 가지 기능에 능하지 못하다'고 힐난한다. 즉 자부심이 강하지 않거나 창조적이지 못하고, 자기인식과 강한 열정이 결여되어 있고, 비정상적이거나 불규칙한 것을 모조리 없애면서 평범함을 보람으로 삼고 산다는 것.

니체는 이처럼 서로 다른 두 부류의 사람들과 연관된 두 가지 회의론을 지적한다. 첫 번째는 평범함과 관련된 것으로 의심 때문에 모든 행동을 억제한다. 이들은 의심을 통해 자기가 옳다는 것을 재확인하고 과학과 객관성을 추구한다. 또 하나는 프레데릭 대제*의 영향과 관련된 것으로, 강한 의지와 용기에서 비롯된다. 이들은 언제나 쉬운 답에 만족하지 않고 의심하고 찾고 발견한다.

철학자는 '철학노동자'와는 달리 입법자이자 창조자다. 학자와 철학노동자들은 과거를 해명하려고 애쓰지만, 철학자들은 미래를 내다보고 '이렇게 되어야 한다'고 말한다. 철학자는 미래를 이야기하기 때문에 현재에는 어울리지 않는 사람일 수밖에 없고, 항상 현재의 정신에 맞서 싸운다. 예를 들면, 소크라테스는 당시의 귀족정신에 반기를 들고, 반어법을 통해 귀족들이 누구보다 어리석고 나약하다는 것

---

* **프레데릭 대제**(Frederick the Great, 1712-86): 프러시아 왕(1740-86 재위). 철학, 역사, 시를 공부했으며, 18세기 유럽에서 가장 계몽된 왕으로 유명하다. 프리드리히 2세(Friedrich II).

을 보여주었다. 반대로 오늘날의 철학자는 민주주의 정신에 반기를 들고 고독과 차별을 추구해야 한다.

이런 철학자들에게는 생각하는 것이 가볍고 쉬운 과정이다. 대다수 우리들에게는 이것저것 따지는 생각은 어렵고, 그래서 심각하다. 니체는 우리들 대부분은 철학자가 되려는 강한 의지가 없으므로 위대한 정신을 가진 사람들은 육성되어야 한다고 넌지시 말한다.

니체는 이 장의 대부분을 할애해서 현대 학자들을 통렬히 비판하거나 진정한 철학자에 대한 견해를 모호하지만 힘찬 언어로 표현한다. 그 결과는 그가 생각하는 '진짜' 철학자가 정확히 어떤 사람인지, 그리고 대학의 철학자들이 이 같은 이상적 철학자들과는 어떻게 다른지가 종종 불명확하다.

니체적인 철학자의 가장 두드러진 특징은 창조자이자 입법자다. 우리가 앞서 보았듯 니체는 과학 연구를 지배하는 객관성의 정신을 반대한다. 객관성에는 전혀 의지가 들어 있지 않기 때문이다. 니체에 따르면 객관적 관점이란 것은 없다. 어떤 사실을 해석한다는 것(이런 말을 하면 니체는 해석되지 않은 사실이란 무엇이냐고 물을 것이다.)은 어떤 의지가 그 사실을 소유하려는 징조가 아닌가. 철학자라면 세상을 단순히 서술해서는 안 되고 의미를 부여해야 한다. 이러한 창조적 행위는 강하고 승화된 권력에의 의지의 표시다.

철학자가 '세상에 의미를 부여해야 한다'는 말이 정확히 어떤 의미인지 얼른 이해되지 않는다. 이 개념은 우리가 승화된 권력에의 의지를 보다 잘 이해하게 되면 좀더 분명해질 것이다. 앞 장의 '풀어보기'에서도 이야기했듯 승화란 보다 숭고하고 만족스러운 의지를 성취하기 위해 당장의 본능을 억제하는 것이다. 이를테면, 이웃집 사람을 때려주고 싶은 본능을 억제함으로써 오히려 상대방이 신세를 졌다는 느낌을 갖게 만들어 보다 숭고한 의지를 얻는 것이다. 창조적 본능은 더욱 깊이 승화된 권력에의 의지의 한 예다. 예를 들면, 예술작품을 창작하는 사람은 세계를 특정한 방식으로 해석하고, 다른 사람들에게 그 해석을 받아들이도록 요구한다. 이것은 다른 사람에게 압력을 행사해서 세상을 특정한 시각에서 보라고 강요하는 것일 뿐만 아니라 세상을 자신의 관점에 귀속시켜 세상에 군림하는 것이다. 모든 창조행위는 해석행위이고, 모든 해석행위는 권력에의 의지의 표현이다.

특히 철학자는 가치의 창조자가 되어야 한다고 니체는 말한다. 니체의 저서는 대부분 도덕, 그리고 도덕이 어떻게 역사를 바꾸었는지를 다루고 있다. 어떤 도덕이냐에 따라 세상도 달라진다. 철학자는 자신의 도덕을 창조하기 때문에 세계 질서를 만드는 셈이다.

발터 카우프만은 니체가 너무 단순하게 자신의 입장을 내세운다고 비판하며 두 가지를 지적한다. 첫째, 위대한 철학자들은 모두 무엇이 되었든 하나의 가치체계를 만들어냈으며, 둘째, '철학적 노동'이라고 할 수 있는 분석과 학문적 연구 없이 가치를 창조하는 사람은 철학자가 아니라는 것. 첫 번째보다는 두 번째 비판이 적절하다. 니체는 나폴레옹이 새로운 법체계를 수립한 사람이라고 찬양하면서도 철학자라고는 생각하지 않는다. 다소 설득력이 떨어지는 첫 번째 비판에 대한 답변이 니체의 생각을 좀더 분명히 하는 데 도움이 될 것 같다. 니체는 칸트를 자주 비판했다. 칸트는 두 말 할 것도 없이 가장 영향력 있는 현대적 윤리체계를 세운 철학자다. 정확히 말해 니체의 불만은 칸트가 새로운 가치체계를 창조하지 않고 이미 받아들여져 통용되고 있는 도덕을 정당화했다는 것이다. 니체는 칸트 외에도 기존의 것을 정당화하는 데 그친 철학자들을 모두 비판하고 있다.

결국 니체의 마음이 끌리는 철학자와 칸트의 차이는 전자는 자기가 살고 있는 시대의 도덕으로부터 자유롭다는 점이다. 그는 미래에 영향을 미칠 새로운 가치를 창조하기 때문에 '내일과 모레의 사람'이다.

그러나 니체가 말하는 철학자들의 모습을 상상해 보려고 하면 금방 니체 이론의 모호성에 부닥친다. 그가 철학자의 본보기라고 분명히 지적한 사람은 아테네 시민들에게 자신을 알고, 신중한 해석과 무지(無知)를 인정하고 난 뒤에 좀더 합리적인 사고를 하라고 촉구했던 소크라테스뿐이다. 그러나 소크라테스 단 한 사람의 본보기와 철학자는 창조적이고 현세의 도덕에 휘말려서는 안 된다는 모호한 개념을 빼고 나면 우리는 더 이상 아는 것이 없다.

Chapter 7
우리의 덕

이 장의 중심 개념 하나는 사람은 사람대로 도덕은 도덕대로 '등급'이 있다는 것이다. 개중에는 다른 사람보다 강하고 세련된 마음을 지닌 사람이 있다. 등급이 낮은 사람은 높은 사람을 미워한다. 그 증오는 보다 고상한 정신의 소유자를 비판하고 도덕적으로 격하시키는 데서 잘 나타난다. 신의 정의란 개념은 우리 모두가 기본적으로는 평등하다는 거짓 주장을 할 수 있도록 하기 위해 만들어진 것이다.

도덕적인 철학자는 보편적으로 적용될 수 있는 도덕률은 어쩌면 없다고 생각하지 않는 것 같다. 이를테면, 누군가에게는 자기를 내세우지 않는 것은 덕일 수 있지만 명령을 하도록 타고난 지도자에게는 자기부정이나 겸손한 후퇴는 덕의 낭비가 된다. 그런 의미에서 "한 사람에게 옳은 것은 다른 사람에게도 옳다"고 말하는 것은 '부도덕'하다.

연민은 따지고 보면 자기비하를 은폐하는 수단에 불과

하다. 불행은 불행과 동행하는 것을 좋아한다. 자기를 비하하는 사람이 다른 사람을 동정하는 것은 고통을 함께하기 위함이다. 즐거움과 고통은 연민과 마찬가지로 마음 깊은 곳에 있는 충동이 겉으로 드러난 것일 뿐이다. 따라서 이러한 충동을 외면하는 철학(공리주의 같은 것)은 깊이가 없다. 말하자면, 고통은 (가능한 한) 피해서는 안 되고 오히려 환영해야 한다. 니체는 인간이 피조물인 동시에 창조자이기 때문에 특이하며, 스스로를 더 위대하게 만들기 위한 창조의 노력이라면 반드시 고통을 감수해야 한다고 말한다. 고통을 동정하는 것은 보다 위대한 존재로 재창조되는 우리들 속에 있는 피조물에 대한 필연적인 연민이다. 니체는 현대 사회에서 목 졸리고 있는 마음속의 창조자에게만 동정심을 느낀다.

니체는 심지어 '더 높은 문화'는 모두 '잔인성을 신성화하는' 데서 나온다고 말한다. 우리는 사나운 동물적 본능을 죽였다고 생각하지만 사실은 죽지 않고 살아서 번성하며 자신을 거역하게 만들어 신성화시켰다. 잔인성이 최고 형태로 나타난 것 중 하나가 지식 탐구인데, 우리가 몰랐으면 더 행복했을 진리를 밝혀내고 피상적인 것과 천박한 것으로 기울어지는 자연스런 기질을 거스른다. 예를 들면, 우리는 고등동물로 태어났다고 생각하지만, 조상은 유인원이고 본질적으로는 유인원과 다를 것이 없다는 사실을 알고 실망하게 되는 것.

니체가 추구하는 미래지향의 철학자들이 갖춰야 할 덕목 가운데 가장 중요한 것은 (정직성이라고 부르든 잔인성이라고 부르든 관계없이) 모든 피상적인 것보다 더 깊이 파고들어가려는 의지다. 학자들이 무심하게 보려는 지식이 바로 니체의 관심사다.

그러나 최고의 자유정신을 소유한 사람이라도 진리를 찾아 파내려가다 보면 암반에 부딪친다. 우리 모두는 우리 존재의 핵심을 이루는 '이것이 나'라는 흔들리지 않는 확신 하나를 가지고 있다. 그리고 기본적으로 우리 마음속에 자리 잡고 있는 이 확신은 '우리가 너무도 어리석은 존재'임을 보여준다.

이 핵심적인 확신이 실제로 어리석음으로 구성되어 있다는 것을 증명이라도 하듯 니체는 '어리석은 존재로서의 여성'에 관해 확고한 신념을 보여주고, '이것은 어쨌든 유일한 나의 진리'란 단서를 달고 이야기를 시작한다. 그의 폭언은 여러 쪽에 걸쳐 계속된다. 여성은 아름답고 피상적이며, 매력을 이용해 남자로 하여금 사랑하게 만들 때만 최고의 존재가 된다. 여권신장운동은 여성을 좀더 남성답게 만들려는 것이다. 여성은 부엌에 갇혀 살아야 한다고 니체가 주장한다고들 하는데, 이 말은 절반만 맞는다. 남성은 여성을 소유물로 생각해야 한다고 암시하고, 여성은 훌륭한 요리사가 될 만한 치밀함과 지능이 없다고도 주장하기 때문이다.

진리에 대한 니체의 독선적인 태도를 생각하면 다소 맞지 않는 것 같지만 이 장에서는 지식 추구가 미래지향 철학자들의 최고 목표라고 말한다. 우리는 일반적으로 '진리'를 '지식'과 연관시키지만 니체는 그렇지 않다는 사실을 알아야 그를 제대로 이해할 수 있다. 니체는 '진리'를 언급할 때 냉소조로 일관한다. '진리'를 믿으면 관점이 갇혀 다른 관점에서 사물을 볼 수 없게 된다는 것.

한편, 지식은 사물의 존재 형태를 자유롭게 탐구하는 것이다. 앞서 현실을 조각상, '진리'를 고정된 관점에 비유한 일을 떠올린다면, 우리는 지식 추구를 조각상을 한 바퀴 돌면서 여러 각도에서 바라보는 것이라고 생각할 수도 있다. 니체가 이해하는 지식 추구는 모든 '진리'를 고정된 관점이라고 생각하고, 모든 가정을 의심하고 세계를 바라보는 이런저런 방식을 선택하게 만든 것이 무엇인지를 깊이 생각한 다음, 그것이 유일한 방식이라고 선언하는 것이다.

이러한 이유들 때문에 니체는 고통과 즐거움을 강조하는 공리주의적 입장을 천박하다고 비난한다. 고통과 즐거움은 마음속 깊은 곳에서 움직이는 충동을 나타내는 느낌일 뿐이다. 이것을 어떤 체계의 궁극적 바탕으로 생각하고 만족하는 것은 더 깊이 파고들 의지가 없다는 뜻이다. 니체는 지식 추구를 자신에게 거역하는 숭고한 형태의 잔인성이라고 말한다. 어떤 진리에 만족하고 머물러서는 안 되며 항상 더 깊이 파고들어 가정을 뒤집어야 한다는 것이다.

이러한 탐구는 정신적인 용기와 융통성이 필요하다. 니체는 그것을 자신을 정면으로 바라보고 모든 가정에 하나하나 끝까지 도전하는 능력, 즉 성실성이라고 말한다. 고통을 느끼는 것은 우리 마음속에 있는 피조물이다. 단순한 '진리'에 만족하려는 이 피조물의 본능은 몸부림치며 괴로워하지만 이것은 우리의 또 다른 반쪽, 즉 마음속에 있는 창조자와 그의 승화된 권력에의 의지를 위한 것이다.

그러나 결국 우리는 마음속의 피조물을 제거할 수 없다고 니체는 말한다. 깊이 파고들어 모든 편견과 가정을 뒤엎어버리지만 어느 지점에서 멈출 수밖에 없고 그곳에는 또 한 다발의 가정과 '진리'들이 도사리고 있을 것이란 이야기다. 니체의 '진리'는 대부분 여성에 관한 것인 듯 보이지만 가볍게 생각하거나 웃어넘길 일이 아니라 그의 여성 혐오증이 그와 그의 사상에 대해 우리에게 무엇을 가르쳐 줄 수 있는지를 물어야 한다.

우선 가능한 한 너그러워지도록 해보자. 니체는 여성

에 관한 폭언을 시작하기에 앞서 이 모든 것이 '나의 진리'라는 단서를 달고 있다. 그는 처음부터 '진리'를 조롱했고, 이제야 자신 속에도 웃기는 면이 존재한다는 것을 발견하고 있다. 여성에 대한 자신의 편견이 터무니없다고 분명히 인정하고 냉소까지 던진 것을 보면 우리보다 용감하다.

진리와 편견에 대한 그의 논의를 통해 관점주의에 주어진 새로운 재미난 왜곡이 부각된다. 니체는 자유정신을 유지하고 사물을 다른 모든 관점에서 보는 능력을 찬양하면서도 그 누구도 특정한 관점에서 완전히 벗어나지는 못한다는 점을 확신하고 있는 듯하다. 어떻게 보면, 자신 속으로 깊숙이 파고들어가서 얻는 것 중 하나는 자신의 편견, 자신의 '진리'를 되도록 명확하게 드러내는 것이다.

니체가 여성에 대한 편견을 자인한 것은 그의 저서가 지닌 보편적 약점이 무엇인지를 보여주기도 한다. 바로 사람을 유형에 따라 보는 경향이 있다는 것. 유태인에 대한 그의 태도는 반유대인 해석자들이 생각하는 것보다 훨씬 더 복잡하고 찬양하는 쪽이지만, 마치 모든 유태인에게 적용될 수 있는 것처럼 말하는 경향이 분명히 있다. 그는 인종에 대해 상당히 일반론을 펼치는데, 그 비판은 기독교와 민주주의에 대한 발언에까지 확대될 수 있다. 그리고 반대 세력에 대한 풍자적 묘사는 기분 나쁠 만큼 정확해도 '모든' 기독교인들과 '모든' 민주주의자들에게 적용하는 데는 논

란의 여지가 있다. 따지고 보면 우리도 니체의 수법을 이용
할 수 있고, '기독교인'이나 '민주주의자'에 대한 일반론에
서 벗어나는 것은 '즐거움'이나 '고통'에 관한 일반론에서
벗어나는 것과 같다는 식으로도 말할 수 있다. 이처럼 일반
화시키는 명칭들은 이를테면, 모든 부류의 사람들이 제각기
다른 이유로 민주주의를 신봉한다는 보다 복잡하고 예민한
사실을 은폐시킨다.

Chapter 8
민족과 조국

이 장은 제목이 암시하듯 주로 민족주의와 국적을 다룬다. 니체는 괜스레 생각이 많은 사람들은 반평생을 편견과 편협한 민족주의 감정에 파묻혀 산다며, '바람직한 유럽인'들도 잠깐씩 이런 어리석음에 빠진다고 말하고, 여성에 관한 이전 발언들을 '옛사랑과 편협함 속으로 추락한 것'에 비유한다. 니체는 민주화운동으로 모든 인종이 뒤섞여 점점 국가적 구별을 잃어가는 것이 현대 유럽의 가장 큰 특징이라고 지적한다. 따라서 평범한 사람들은 엄청나게 많아지고 특별한 정신을 가진 사람들은 찾아보기 힘들게 되리란 것이다.

이 장의 대부분은 여러 인종, 특히 독일인에 대한 이야기로 채워져 있다. 독일인은 그 어느 인종보다 혈통이 뒤섞여 있기 때문에 '순수한' 독일인이란 없다. 그 결과, 독일 정신도 복잡하고 불투명해서 명확히 정의하기가 어렵다. 독일인들은 이러한 복합성을 심오함으로 보기 때문에 종종 난해한 종족으로 간주되기도 한다.

니체는 독일 문학과 독일어가 리듬과 템포가 없다고 비판한다. 읽는 것이 항상 낭독이었던 옛날에는 언어의 소리가 매우 중요했다. 지금은 모두가 조용히 읽기 때문에 아직까지도 언어의 자연스러운 음악성을 이해하는 작가는 거의 없다.

니체는 인종을 여성처럼 씨를 받아 출산해야 할 인종과 남성처럼 씨를 주어 잉태시켜야 할 인종으로 구분하고, '여성' 인종으로 그리스인과 프랑스인을 내세운다. 여성 인종은 다른 인종의 힘과 정신을 뭔가 아름다운 것으로 동화시킨다. 그들의 창조력을 자신들이 접촉하는 문화에 흡수시켜 위대한 창조의 자극을 주는 '남성' 인종으로는 로마인과 독일인, 그리고 무엇보다 유태인을 꼽는다.

니체는 유태인들이 노예 도덕과 거창한 형태의 설교를 만들어낸 장본인이지만 이러한 창조적 행위는 유럽에서 가장 위대한 것 가운데 하나라며 높이 평가한다. 유태인은 유럽에서 가장 강한 인종이고, 반유대주의는 정확히 독일인들이 유대정신의 힘을 감당할 수 없기 때문에 생겨난다. 반유대주의 편집증과는 정반대로 유태인들은 유럽을 지배하는 쪽이 아니라 오히려 동화되기를 원하는데, 이것은 유럽에 이로울 뿐이다.

니체는 영국인들에게는 그리 관대하지 않다. 철학적이지 않고 가벼우며, 김빠진 기독교적 설교에 의지하고, 비유적인 의미로든 말 그대로든 음악이나 춤 감각도 없다는 것. 최고의 영국인이라고 해야 밀, 다윈, 허버트 스펜서* 같은 착한 마음을 가진 평범한 사람들이 고작이다. 자유정신의 소유자는 이런 사람들이 잘 캐내는 지식 이상의 것을 원하고, 뭔가 새로운 것이 되기를 원하며, 새로운 가치를 창조하고 싶어한다. 지식 추구는 부차적이다.

영국인들은 루소** 같은 인물들을 통해 프랑스에 민주주의 사상을 퍼뜨렸다. 16, 17세기의 진정한 프랑스 정신은 예술적이고 열정적이고 섬세했으나 나중에 지중해 사람들과 접촉하면서 경박해졌다.

민족주의가 대세임에도 불구하고 니체는 유럽이 기본적으로 통합되기를 원한다고 말한다. 그는 19세기의 가장 걸출한 인물들은 모두 국적을 초월해 등장했다며, 나폴레옹,

---

* **허버트 스펜서**(Herbert Spencer. 1820-1903): 영국 사회학자, 철학자. 찰스 다윈의 〈종의 기원〉 이전에 성운의 생성부터 인간 사회의 도덕원리 전개에 이르기까지 모든 것을 진화론에 따라 서술했고, '적자생존(the survival of the fittest)'이란 용어를 처음 사용했다. 주요 저서는 〈종합철학체계〉(10권) 등.

** **루소**(Jean-Jacques Rousseau. 1712-78): 프랑스 사상가, 문학가. 원시자연 상태에서의 인간은 선하고 자유롭고 행복했으나 사회가 형성되면서 악하고 노예로 만들어 불행으로 내몰렸다고 주장. 자유 민권 사상은 자유·평등·박애를 부르짖은 프랑스 혁명지도자들의 사상적 지주가 되었다. 주요 저서는 〈인간불평등기원론〉, 〈사회계약론〉, 〈고백록〉 등.

괴테, 베토벤, 스탕달, 하인리히 하이네*, 쇼펜하우어, 바그너(바그너의 태도를 비판하긴 했지만)를 지목한다.

니체는 이 장의 서두에서 민족주의를 초월한 사람들도 간혹 사소한 편견에 사로잡힐 때가 있다는 것을 인정하고, 여성에 대한 통렬한 비판도 여기에 해당한다고 암시한다. 이 장의 나머지 부분에서는 '바람직한 유럽인'들이 창피스러워할지도 모를 발언들이 얼마나 나올지 궁금하다.

니체의 유태인 칭찬은 훌륭하다고 할지 모르겠지만 영국인에 대한 혹평은 속이 좁아 보인다. 그러나 두 가지는 같은 이유에서 나왔다는 것을 인정해야 한다. 허버트 스펜서 같은 학자들이 손을 본 라마르크 진화론이 지배했던 19세기의 유럽은 인종마다 서로 다른 '후천적 특성'을 갖는 것으로 생각했다. 이민족들이 같은 필요에 의해 같은 장소에서 오랫동안 함께 살다보면 각자의 환경에 적응하는 데 도움이 되는 다른 특성을 개발하게 된다는 이론인데, 그 결과의 하나로 고정관념과 인종차별주의가 생겨났다.

---

* **하인리히 하이네**(Heinrich Heine, 1797-1856): 독일 시인. 절대주의 국가체제와 교회의 낡은 권위를 부정하고 사회적 억압과 도덕적 인습을 비판했으며, 개인·언론·사상의 자유와 여성해방을 부르짖었다. 대표작은 〈로만체로〉 등.

니체는 그런 특성 가운데 어떤 것은 전체 인종에 적용될 수도 있다는 기본 원칙에는 의문을 표시하지 않는 것 같으면서도 많은 고정관념을 뒤엎는 대단한 솜씨를 보였다. 반유대주의를 거부한 것이 그 대표적인 예다. 유태인은 독창적인 창조 본능이 없고 남의 문화나 훔쳐가는 나약한 인종이란 것이 공통된 생각이었지만 니체는 그 반대라며 다른 문화에 창조의 씨를 뿌려 꽃을 피우는 '남성적인' 인종이라고 주장했고, 독일인만큼 혈통이 뒤섞인 민족도 없고 성격을 보면 알 수 있다며 그들이 순수 아리안족이란 생각을 일축했던 것. 또 20세기에는 그리스인들이 이전 문화들의 덕을 보게 될 것으로 예상했다. '여성적' 민족인 그들이 이전의 아시아 문화유산을 흡수해서 유례없이 위대한 철학과 문학을 '낳았기' 때문이다.

너그럽게 보면(철학자를 연구하려면 너그러워지는 것이 예의), 니체는 인종에 대한 판에 박힌 생각들을 정말 믿지 않는다고 할 수 있다. 이전 장에서 위대한 철학자들은 항상 '가면을 쓰고' 있기 때문에 본색을 밝혀야 한다고 했던 그는 여기서는 인종에 관한 이야기 대부분을 당시 위세를 부리던 민족주의적이고 반유대주의적인 독일인을 공격하기 위한 의도에서 쓴 것으로 보인다. '인종'이란 개념에 대한 비판이 독일인에게 영향을 주지 않았을지는 모르지만, 고정관념에서 벗어나 유태인을 찬양하고 독일인이 '순종'

이 아니라고 말한 것은 정면으로 그들의 아픈 곳을 찌른 것이다. 니체가 영국인을 물고 늘어진 이유는 아직도 의문인데, 재미삼아 한 것 같다는 느낌이 든다.

　니체는 자신의 저서가 독일인이 아닌 유럽인이 쓴 책으로 읽혀지기를 바랐다. 그는 스위스와 이탈리아에서 살았으며, 프랑스 용어를 많이 사용했고, 전반적으로 독일 민족주의에 대해 비판적 입장을 취했다. 최고의 유럽인은 조국이 강제로 떠맡긴 민족주의를 초월해서 보는 사람이라고 한다. 예를 들어, 그가 나폴레옹을 찬양하는 것은 다른 민족을 정복하고 지배한 '주인 도덕'에 기인한 것이라기보다는 유럽을 통일하고 모든 민족을 공통의 지배 아래 묶었다는 점이다. 니체는 민족주의는 진정한 자유정신의 소유자들이 극복해야 할 또 다른 편견들을 낳을 뿐이라고 생각한다. 우리는 제임스 조이스의 〈젊은 예술가의 초상 *A Portrait of the Artist as A Young Man*〉에서 니체의 직접적인 영향을 찾아볼 수 있다. "이 나라에서는 사람이 태어나면 도망가지 못하게 그물이 던져진다. 그들은 내게 국적, 언어, 종교를 이야기한다. 이 그물을 피해 날아가야겠다." 조이스 역시 니체와 비슷한 은유법을 쓰고 있는 것이다.

　마지막으로, 니체가 영국 사상가들이 지식에 사로잡혀 있다고 비판하는 대목에 주목해야 한다. 앞 장에서는 지식 추구를 최고의 작업이라고 찬양했다. 이것은 니체가 정반대의 의미를 나타내기 위해 어떤 식으로 어휘를 사용하는지 파악하는 데 도움이 된다. 다윈이나 스펜서 같은 사람의 '지식'은 의미 없이 사실을 캐내는 작업이지만, 자유정신의 소유자들의 '지식'은 진정한 의미를 찾아내기 위해 금지, 가정, 편견을 제거하는 작업이다. 따라서 우리는 니체가 사용하는 어휘를 단순하게 긍정이나 부정으로 판단하지 않도록 주의해야 한다.

Chapter 9
고귀함이란 무엇인가?

귀족계급은 인종의 귀족화라고 니체는 말한다. 위대한 인간과 평범한 인간을 구분하는 등급이 있다고 믿는 귀족계급은 자기들이 최고 등급이기 때문에 사회의 가치이자 최종목표라고 자부한다. 사회는 최고 영예인 소수의 예외적인 개인을 만들기 위해 존재하고, 그것은 그 사회의 희생과 시련을 정당화한다. 삶은 권력에의 의지이며, 권력에의 의지는 착취다. 모든 생명의 과정은 약자에 대한 강자의 착취라는 형태에 의존하는데, 이러한 착취를 완전히 없애버리려고 하는 것은 어리석은 짓이다.

제260항에서 니체는 주인 도덕과 노예 도덕의 개념을 간단명료하게 설명한다. '좋음'과 '나쁨'의 차이는 귀족적 '주인들'이 만들어놓은 것으로, 바꿔 말하면 '고귀함'과 '하찮음'이다. 주인은 스스로를 강하고 건강하고 힘 있는 자, 즉 '선'이라고 생각하고, 약하고 가난하고 불행한 노예들을

'악'이라고 깔본다. 한편, 노예들은 그들을 억압하는 주인을 '악'이라고 생각하고, 주인에 대비되는 자기들을 '선'이라고 여긴다.

이 두 가지가 세계의 기본적인 도덕이고, 현대의 도덕들은 모두 이것을 뒤섞은 것들이다. 예를 들어, 허영이란 개념은 스스로를 좋게 평가하려는 주인들의 마음과 자신들의 가치는 다른 사람들의 견해에 의해 결정된다는 노예의 감각이 혼합된 것이다. 따라서 허영은 다른 사람들이 자기를 높게 평가하도록 만들어 자신의 견해가 옳다는 것을 확인하려는 노력이다.

니체는 제264항에서 라마르크 진화론적 입장을 분명히 밝히고 있다. 우리의 성격은 대체로 조상의 성격과 사회적 지위에 의해 결정된다. 따라서 남달리 고상한 성격을 타고난 사람들도 있다.

단순 다수결 원칙에 따른다면 이 예외적인 사람들은 항상 소외되게 마련이다. 니체에 의하면 언어란 공통점을 가진 사람들이 의사소통을 위해 만든 수단이다. 따라서 예외적이고 비범한 것들은 모두 언어로 표현하기가 힘들고 대다수 사람들이 이해하기도 어렵다. 위대한 사상일수록 후세 사람들에게 인정을 받기까지 오랜 시간이 걸리므로 차원 높은 정신을 가진 사람들은 언제나 오해와 고통을 받게 되고, 원치 않은 동정을 피하기 위해 대중들에게 고통을 감추려고 가면을 만들어 쓴다. 오해보다 고약한 것은 오직 하나, 이해를 받는 것이고, 그것은 다른 누군가가 그들의 고통을 대신 당하게 되었다는 의미다.

니체는 대중보다 뛰어나려는 사람들이 겪는 고독도 이야기한다. 그들에게 동반자란 방편이고 유예이고 휴게소다. 목표달성까지는 아무것도 중요하지 않다. 그런 뜻에서 천재가 아니라 천재를 100퍼센트 활용할 수 있는 기회가 귀하다. 귀족을 구분 짓는 것은 그들이 하는 일이나 행동이 아니라 보통사람들에게는 없는 자존심이다.

니체는 자신이 섬기는 디오니소스*에게 장황하게 늘어놓은 뒤 자기 생각을 적절한 언어로 표현할 길이 없다고 낙담하면서 이 장을 마감한다. 그의 생각은 자유롭고 가볍고 악의가 스며 있지만 언어로 표현하자니 생각이 묶이고 단조로워지며 엄숙해진다면서, "그 생각들 중 몇 가지는 진리가 될 수 있을 텐데"라고 아쉬워한다. 언어는 비교적 고정되고 확정된 생각을 포착할 수 있을 뿐이며, 가장 아름답고 자유롭게 움직이는 생각은 언제나 표현하기가 힘들다.

---

* **디오니소스**(Dionysus): 그리스 신화에 등장하는 술의 신. 니체는 디오니소스를 감정과 직관, 관능과 무제한의 예술적 표현과 결부시켰다. 로마 신화에서는 바카스(Bacchus).

이 장은 문체상 아주 강렬하며, 작은 관찰과 발언들은 요약이 어려울 만큼 니체의 다양한 음성과 문체로 표현되어 생각과 표현 모두에서 철학 뒤에 숨겨진 그의 얼굴을 생생하게 엿볼 수 있다. 니체는 친구가 거의 없는 외로운 사람이었고, 끊임없이 오해를 받았으며, 건강까지 좋지 않아 많은 고통을 받았다. 그러나 이러한 고통을 그저 견뎌냈을 뿐만 아니라 활용까지 해서 19세기의 가장 경이적인 저서들을 창작해냈다. 철학을 개인의 세세한 생활까지 끌어내려서는 안 되겠지만, 니체가 천재에게 필요한 고독, 시련, 자기극복에 관해 쓴 글이 명료하고 시처럼 아름다운 이유, 그리고 자기고양에 필요한 자기고문, 즉 우리들 마음속에 있는 피조물을 희생시켜야만 함께 있는 창조자가 살아난다는 이야기를 그토록 열정적으로 쓴 이유를 어렵지 않게 알 수 있다.

이 작품 중 가장 강렬한 문체가 나타나는 이 장에서 니체가 생각에 들어맞는 어휘를 찾는 어려움을 토로하는 것은 그리 놀라운 일이 아니다. 니체에 따르면, 언어는 사실이나 사물을 엄밀하게 나타내지만 우주는 원래 끊임없이 변하므로 확정된 사실도 고정된 사물도 없기 때문이다. 그는 생각을 은유적으로 날아다니는 새에 비유해서 말로 표현하는 어려움을 나타냈다. 이 책의 마지막 장에서도 이러한 은유법을 쓰지만, 〈즐거운 지식〉제298항에서는 보다 간결하고 명확한 표현을 사용하고 있다.

"길을 가다가 나는 깨달음을 포착했고, 그것을 다시 놓치지 않기 위해 우선 머리에 떠오르는 아주 어설픈 단어들을 재빨리 끄집어냈다. 이제 그 깨달음은 무미건조한 단어들과 그것들이 푸드득대는 소리 때문에 죽어버렸다. 그리고 지금은 그 새를 보면서 내가 그 새를 잡았을 때 어째서 그토록 기뻤는지 더 이상 알 수가 없다."

니체에게 생각이 아름다운 것은 '날아다니기' 때문이다. 자유롭고 융통성 있는 사람은 문제의 주위를 빙빙 돌면서 여러 각도에서 관찰한다. 언어는 특정한 관점을 채택하기 때문에 생각의 날개를 잘라버려 엉거주춤한 상태에 머물게 한다. 따라서 어떤 생각을 말로 옮기면, 생각이 지닌 본질적인 아름다움인 새의 성질은 죽어버린다.

훌륭한 생각은 표현이 어렵기 때문에 작가는 '가면'을 쓰게 마련이다. 작가가 무엇을 쓸 때는 왜곡되고 고착화된 전체의 모습을 독자들에게 내놓게 된다. 흥미롭게도 니체가 독단주의자라고 비판한 플라톤이 〈제7 서한 *Letter VII*〉에서 이런 말을 하고 있다.

"우리가 책을 볼 때… 작가가 아주 진지하다면 그 책은 최선의 생각을 담지 않았다고 확신해도 좋다. 최선의 생각은 작가가 가진 가장 좋은 것들과 함께 따로 떼어놓았기 때문이다."

언어에 대한 니체의 입장을 보면 금언을 많이 이용하는 이유를 알 수 있다. 그는 일관성 있는 어떤 주장을 제시하기보다는 주어진 사물을 가능한 한 많은 관점에서 살핀다.

이 장은 가장 거북살스러운 장이기도 하다. 특히 모든 생명은 착취라는, 반박의 여지가 많은 주장이 그렇다. 우리는 다른 장에서도 나온 모든 생명은 권력에의 의지라는 주장을 하나의 논쟁거리로 받아들이고, 권력에의 의지는 우리가 착취라고 부르는 것 속에 있다는 사실도 시인해야 한다. 착취는 하나의 의지가 다른 의지를 지배한다는 뜻이다. 이 권력에의 의지가 승화되면 일종의 자기극복이 이루어지면서 잔인함과 자유의 본능이 자신에게로 향한다. '착취'란 한 집단이 다른 집단을 이용해 먹는다는 뜻을 함축하고 있지만, 니체가 말하는 권력에의 의지는 언제나 그러한 착취를 요구하지는 않는다.

니체를 변명하자면, 그는 주로 평민에 대한 귀족계급의 착취 이유를 밝히려고 착취를 논한다. 착취가 귀족들의 권력에의 의지의 표현이자 하나의 현실임을 설명하고 싶은 것이다.

　　세계를 여러 인종으로 구분한 니체의 라마르크 진화론에도 독자들은 의문을 표시하고 싶을지 모른다. 그러나 니체는 이 장에서 인종 간의 구분은 모호하며 진정한 위대성은 알아보기가 쉽지 않다는 점까지 어느 정도 암시한다는 것을 주목해야 한다.

높은 산에서 : 후곡(後曲)

시는 화자(話者)가 친구들에게 산꼭대기로 올라와 자기와 합류하라고 외치는 데서 시작되고 있다. 그러나 당도한 친구들은 그를 거의 알아보지 못하고, 그는 자신과의 끊임없는 싸움으로 모습이 많이 변했다고 말한다. 혹독한 기후에서도 살아가는 법을 배웠고, "인류와 신과 기도와 저주를 잊었다"는 것. 이러한 환경을 견뎌낼 만큼 강하지 못한 친구들은 산에서 함께 살 수 없다. 스스로를 사냥꾼—'사악한 궁수(弓手)'—으로 훈련시킨 그는 화살 끝이 닿을 만큼 활시위를 깊이 잡아당겼다가 엄청난 힘으로 날려 보낸다.

옛 친구들이 떠나기 시작하자 고민하던 그는 새로운 친구들을 기다리기로 한다. 기억에 집착해서는 안 된다. 이 친구들은 젊었을 때 알았고, 심지어 그는 지금 더 젊어졌다면서, 우정은 말처럼 사라지며 고정될 수 없다고 암시한다. 지금 친구들과의 사이에 존재하는 거리는 나이를 먹은 탓이다. 그는 변했지만 그들은 변하지 않았던 것. 이제 그가 할 수 있는 일이라곤 주저앉아 새로운 친구들을 기다리는 것뿐이다.

화자는 친구를 그리워하는 이 노래가 끝났다는 말로 매듭을 짓는다. 이제는 축제를 벌이고 웃고 즐겨야 할 때다. '손님 중의 손님'인 차라투스트라와 함께 '빛과 어둠을 위한… 결혼식'을 시작해도 되는 것이다.

우리는 니체가 시가 아닌 산문을 썼다는 것을 고마워해야 한다. 그의 공격적인 문체는 산문으로는 적합해도 시에서 기대할 만한 섬세함과 우아함은 없다. 그는 시적인 시야도 아주 좁다. 전체의 시는 산문에나 적합했을 몇 안 되는 평범한 상징들로 채워져 있다. 다양한 관점을 그토록 강조하는 작가의 시로서는 그 방향이 한결같고 고정되었다는 인상을 준다. 아마 이 시를 독일어로 읽으면 더 듣기 좋을지는 모르겠지만 영어로 번역한 발터 카우프만조차 마음에 들지 않는다고 고백한다.

이 시는 아주 서툴다는 점에서 우리들에게는 쓸모가 있을지 모른다. 니체 특유의 모호함과 미묘함이 없는 상징적 표현을 살펴볼 드문 기회로, 그가 앞 장에서 그렸던 고귀한 유형의 인간, 즉 무리들 위에 홀로 서서 오해를 받으며 자기극복의 과정을 통해 끊임없이 변화하는 인간의 모습을 보여주기 때문이다.(니체가 생각했던 이상적인 고귀한 인물이 어째서 그렇게 불결한 시인인지 궁금하다.)

니체에게 산꼭대기는 상징적이고 개인적인 중요성을 갖는다. 그는 '높고' '낮음'에 대한 이야기를 너무 많이 하기 때문에 산문에서조차 지루함이 느껴진다. 주인은 노예보다 '높다.' 따라서 노예를 '내려다'본다. 증오, 분노, 부러움, 시기심 같은 것은 '높은' 곳을 우러러보는 사람들이 나타내는 감정이다. '내려가는 것'은 '올라가는 것'이란 주제는 〈차라투스트라는 이렇게 말했다〉에서 아주 무겁게 다루어져 '초인'의 '자기극복'이란 또 다른 모습으로 나타난다.

1880년대에 많이 앓았던 니체는 산의 맑은 공기 덕분에 기적처럼 건강이 좋아졌다는 것을 알고 있다. 알프스에서 혼자 지내며 가장 행복한 시간을 보냈고, 위대한 저서들을 많이 집필한 그가 정신의 자유를 높은 곳, 특히 산과 연관시켰다는 사실은 전혀 이상할 것이 없다.

시위를 당긴 활 이야기는 니체의 저서에 계속 등장한다. 그는 내면의 싸움과 자기극복을 활시위를 당기는 것에 비유하고, 민주주의자들과 성직자들이 당겨진 활시위를 '느슨하게' 하려 든다며 신랄하게 비난하고, 내면의 투쟁은 활시위를 당기는 것처럼 엄청난 긴장을 일으키지만 팽팽하게 당겨진 화살이 가장 멀리 날아간다고 주장한다. 활은 짐승과 초인 사이에 다리 역할을 하는 것이 인간이라는 니체의 개념과도 어울린다. 우리 자신은 목표가 아니다. 그저 수단, 즉 궁극적 목표인 초인을 향해 당겨져야 할 활에 불과하다.

니체는 젊음과 사악함도 자주 건드린다. 그는 앞 장을 마무리하면서 자신의 '사악한 생각'을 밝히고 있다. 그에게 '사악한'은 부정적인 말이 아니라 일종의 가벼움과 교활함, 그리고 한 자리에 고정되기를 거부하는 것을 암시한다. 이를테면, 자유정신을 묘사하는 완벽한 형용사다. 니체의 시에서 화자가 '사악한 궁수'인 것은 그가 자기극복 과정을 통해 정신을 해방시켰다는 것을 의미한다. 니체는 이 정신의 자유를 젊음과 연관시킨다. 사람은 제자리에 고정되어 있어야만 나이를 먹는다. 따라서 화자는 시간적으로는 나이를 먹었지만 정신적으로는 더 젊어졌다.

끝으로, 니체에게 벗의 중요성을 살펴보자. 그는 아주 외로운 삶을 살았고, 조금이나마 그를 이해해 주는 벗도 거의 없었다. 그는, 무작정 그를 찬양하지 않고 그의 생각에 참여해 비판하고 넘어설 능력을 가진 제자가 하나 있었으면 하고 바랐다. 그러나 애석하게도 찾지 못했고, '새로운 벗들'도 오지 않았다.

다음 질문에 대해 간단히 서술하시오.(―부분은 참고만 할 것)

1. 니체는 왜 영혼을 믿는 것이 '미신'이라고 했는가?

   — 니체는 전통적인 철학이 문법을 잘못 이해하고 그것에 너무 치중한 나머지 많은 잘못을 저지르고 있다고 지적한다. 그가 가진 불만 중 하나는 주어-술어 형식의 잘못된 이해다. "나는 생각하고 있다"와 같은 문장은 주어와 술어로 분리할 수 있기 때문에 우리는 주어와 술어를 분리해서 생각한다. '나'라는 주어가 있고, 생각하는 행위는 주어에 덧붙여진 술어이기 때문에 '나'는 생각하는 것 자체와는 다른 그 어떤 개체다. '나'가 무엇이냐는 질문을 받으면 우리는 '나는 생각하고 있는 것,' 또는 '나는 인간'이라고 대답할 것이다. 그러나 두 가지 대답 모두에서 우리는 '나'에다 별개의 것일 수 있는 술어를 첨부하고 있다. "…는 인간이다"는 우리가 '나'에 대해 말할 수 있는 한 가지 사실에 불과하다. 이 문장은 '나' 자체가 무엇인지를 말해 주지 못한다. 결국 '나'라는 것에 반드시 붙어 있어야 하는 것은 아무것도 없다. 니체에 따르면, 우리는 이 아무것도 아닌 것을 '영혼'이라고 부른다.

2. 니체는 무엇 때문에 우리가 인과론을 잘못 알고 있다고 하는가?

   — 니체는 우리가 인과론을 '구체화'하고 있다고 비판한다.

인과론을 사물로 본다는 것. 우리는 말을 사용하다 보면 그 말 속에 뭔가가 있다고 믿게 된다. 이를테면, '원인이 되는 힘'인 당구공이 다른 당구공과 부딪치면 다른 당구공이 움직이는 '결과'를 가져온다고 믿는 것이다. 니체는 사실상 원인과 결과 같은 것은 없다며, 그것은 보이는 사물에 우리가 만들어서 적용하는 개념에 불과하다고 주장한다. 이러한 입장은 흥미롭게도 그가 비판하는 철학자 흄의 입장과 거의 비슷하다. 니체는 252항에서 흄이 "'철학'의 개념이 지니는 가치를 타락시키고 격하시켰다"고 비난한다.

3.   니체의 '실험적 방법'을 설명하라. 그것은 자유정신과 '미래의 철학'과 어떤 관계가 있는가?

— 니체의 실험적 방법은 과학자들이 사용하는 방법이 아니다. 그보다는 사물을 그 어떤 관점에서도 보려는 의지를 가지고 결과에 이를 때까지 계속 추구하는 것을 말한다. 인간의 모든 상호작용은 권력을 쟁취하려는 싸움이란 니체의 주장이 우리들 대부분에게는 마음에 들지 않을 것이고, 니체도 마찬가지일 것이다. 그러나 그의 실험적 방법은 단순히 마음에 들지 않는다고 버려서는 안 된다고 명령한다. 어떤 관점에서도 사물을 볼 수 있는 능력은 니체가 높이 평가하는 정신적 융통성인 자유정신에 필수적이고, '미래의 철학'이 과거 수천 년 동안 철학의 손발을 묶어온 가정과 편견을 들춰낼 용기를 얻는 데도 반드시 필요하다.

4.   니체는 과학과 종교의 관계를 어떻게 규정하고 있는가? 여기서 허무주의 개념은 어떤 의미를 갖는가?

5.   "잠언과 간주곡"의 장에서 나타나는 특이한 형식을 어떻게 설명해

야 하는가? 그리고 이 장에 들어 있는 것들을 통해 어떤 결론에 이
를 수 있는가?

6. 승화란 무엇인가? 승화된 권력에의 의지는 무엇인가? 승화의 개념
    은 니체에게 어떤 의미를 갖는가?

7. 니체가 말하는 이상적인 철학자는 '철학 노동자'들과 어떻게 다른
    가? 니체의 이러한 구분에 동의하는가?

8. 니체의 저서에 나오는 '진리'와 '지식'의 차이점은 무엇인가?

9. 니체가 말하는 '바람직한 유럽인'은 어떤 특성을 지니고 있는가?

10. 언어에 관한 니체의 견해를 설명하라. 이것이 니체의 다른 저서들
    을 해석하는 데 어떤 영향을 미칠 수 있는가?

다음 질문에 알맞은 답을 고르시오.

1. 이 책의 서두에서 니체는 진리를 무엇에 비유하는가?
    A. 질병
    B. 여성
    C. 빛
    D. 조각

2. 서문에서 니체가 철학적 독단주의의 원인으로 지적하지 않은 것은?
    A. 영혼에 대한 믿음
    B. 문법의 유혹
    C. 몇 가지 사실을 근거로 보편화시키는 것
    D. 신앙

3. 첫 장에서 다루어지는 '편견'을 갖지 않은 사람들은?
    A. 기독교인
    B. 금욕주의자
    C. 반현실주의자
    D. 칸트학파

4. "내가 지금 생각하고 있다는 것은 의심할 여지가 없다"는 주장처럼 순간적 확실성을 믿게 만든다고 니체가 지적한 것은?
    A. 영혼에 대한 믿음
    B. 문법의 유혹
    C. 몇 가지 사실을 근거로 보편화시키는 것
    D. 신앙

5.   니체의 존재론의 기본적인 구성단위는?(즉, 니체가 생각하는 우주의 기본적인 구성요소는?)

  A. 의지

  B. 원자

  C. 사실

  D. 원인과 결과

6.   '자유정신'의 소유자에게 대중들과 섞이고 싶은 충동을 느끼게 만드는 것은?

  A. 외로움

  B. 지식에 대한 의지

  C. 공동체 의식

  D. 우월감을 느끼고 싶은 마음

7.   행동을 결과에 따라 평가하는 사회를 니체는 뭐라고 하는가?

  A. '도덕을 초월한'

  B. '도덕적인'

  C. '도덕 이전의'

  D. '비도덕적인'

8.   희생의 최고 형태는?

  A. 신의 희생

  B. 사랑하는 사람의 희생

  C. 우리 자신의 희생

  D. 동물적 본능의 희생

9.   가장 최근의 과학은 무엇이 구체화된 것인가?

A. 권력에의 의지

B. 영원회귀

C. 주인 도덕

D. 기독교적 금욕주의

10.   니체가 가장 비중을 두지 않는 것은?

A. 도덕의 계보

B. 자유정신

C. 기독교 비판

D. 심리적 관찰

11.   심연을 내려다보면 어떤 일이 일어나는가?

A. 어지럽다

B. 심연이 자신을 올려다본다

C. 초인이 된다

D. 마음이 깊어진다

12.   "잠언과 간주곡"에서 다루어지지 않는 것은?

A. 여성

B. 영원회귀

C. 도덕

D. 섹스

13.   위대한 예술가는 ________을(를) 할 수 있어야 한다.

A. 순응

B. 구속되지 않음

C. 공격

D. 금욕

14. 가장 '승화된' 권력에의 의지의 표현은?

A. 여자와 섹스를 하고 그녀의 얼굴에 침을 뱉는 것

B. 어리석은 사람을 때리는 것

C. 며칠간 금식하는 것

D. 선거에서 이기는 것

15. 다음 중 니체가 싫어하지 않는 것은?

A. 민주주의

B. 공리주의

C. 공산주의

D. 승화된 권력에의 의지

16. 새로운 가치를 만들어내는 모범적인 철학자는?

A. 칸트

B. 헤겔

C. 소크라테스

D. 스피노자

17. 니체가 찬양하는 회의주의 철학의 시조는?

A. 프레데릭 대제

B. 데카르트

C. 흄

D. 칸트

18. 하나의 도덕규범을 모든 사람에게 적용할 때 가장 문제가 되는 것은?

A. 누군가가 반드시 지키지 않는다.

B. 사람들은 등급이 있다는 사실을 무시한다.

C. 역사적으로 서로 다른 도덕적 규범들이 많았다.

D. 문제될 것이 없으며, 기독교적 도덕규범이 잘못되었을 뿐이다.

19. 니체가 여성에 관해 한 이야기가 아닌 것은?

    A. 그들은 피상적인 것을 먹고 산다.

    B. 그들이 있어야 할 곳은 부엌이다.

    C. 남성은 그들을 소유물로 생각해야 한다.

    D. 그들이 일을 하려는 것은 선한 본능에 어긋나는 것이다.

20. 니체가 가장 존경하지 않는 사람은?

    A. 괴테

    B. 존 스튜어트 밀

    C. 나폴레옹

    D. 스탕달

21. '여성적인' 인종은?

    A. 그리스인

    B. 유태인

    C. 독일인

    D. 로마인

22. 인종을 개선하기 위해 필요하지 않은 것은?

    A. 귀족계급

    B. 다수의 착취

    C. 깊이 생각하는 사람의 고통과 고독

    D. 민주주의 정부

23. 니체가 숭배하는 것은?

    A. 신

    B. 디오니소스

    C. 자기 자신

    D. 온라인 연구안내 웹 사이트

24. 니체가 "마지막 노래"에서 기다리고 있는 것은?

    A. 죽음

    B. 벗들

    C. 화살을 날려야 할 기회

    D. 계시

25. "마지막 노래"에서 화자의 벗들이 떠나는 이유는?

    A. 그가 구역질나는 음식을 주었다.

    B. 그를 이해할 수 없다.

    C. 그가 너무 건방지다.

    D. 자기들에게 맞는 산꼭대기를 찾을 필요가 있다.

정답

1. B   2. D   3. A   4. B   5. A   6. B   7. C   8. A   9. D   10. D

11. B   12. B   13. A   14. C   15. D   16. C   17. A   18. B   19. B   20. B

21. A   22. D   23. B   24. B   25. B

一以貫之 논술노트

위대한 망각을 기억하라! ○

실전 연습문제 ○

一以貫之는 '논어'에 나오는 말로 '모든 것을 하나의 이치로 꿴다'는 뜻입니다.

논술의 주제와 문제 유형, 제시문들은 참으로 다양하고 가지각색입니다. 그러나 그 모든 것을 하나로 꿸 수 있습니다. '인간사회의 보편적 문제들에 대한 근원적인 물음에 답하는 자기 나름의 견해'라는 것이지요. 논술은 인간이면 누구나 부닥치는 개인적 또는 사회적 문제들에 대한 자기 나름의 고민이자 성찰입니다. 논술은 자기견해, 자기 가치관, 자기 삶에 대한 솔직한 고백입니다.

一以貫之 논술연구모임은 '자신의 물음'과 '자신의 생각'을 갖고 '자신의 글'을 쓸 수 있도록 도와줍니다.

〈집필진〉
김재년, 이호곤, 우한기, 박규현, 김법성, 김병학, 도승활, 백일, 우효기, 조형진

위대한 망각을 기억하라!

▌니체의 위험한 책

　그놈의 속도가 문제다! 처음 니체의 글을 접하시는 분들은 그 속도를 고려해야 할 거다. 물론, 그 속도감을 즐기는 분들도 있겠지만. 난 그 속도에 정신을 차릴 수 없었다. 대개 학술적인 글들은 선명한 주장과 뚜렷한 근거, 그리고 꼼꼼한 논증의 과정으로 이루어져 있다. 하지만 니체의 글은 도대체 이게 철학인지, 문학인지, 어느 광인의 자기고백인지 구분할 수 없을 만큼 정신없는 템포로, 그러나 힘 있고 강력하게 진행된다. 그 아찔한 속도감 속에서 마주치는 수많은 대상에 대한 섬세한 반응들! 그러나 과정이 생략된 반응들은 내 생각의 속도로 따라잡기엔 역부족이었다.

　형식은 내용을 규정하고, 내용은 오직 형식을 통해서만 표현되고 전달된다. 이런 관점에서 니체의 글이 갖는 속도는 한 번은 짚고 넘어가야 할 관문이다. 〈우상의 황혼〉에서 니체는 아포리즘(잠언)을 '다른 모든 사람이 한 권의 책에서 말하는 것을 열 문장으로 말하는 것'이라고 정의하고,

자신은 글을 쓸 때 '기호의 숫자와 규모는 최소지만 에너지에서는 최대를 추구한다'고 고백했다. 결국 깊은 체험적 진리를 폭발시키듯 압축해 짧은 문장 속에 쏟아 넣는다는 것. 이것이 니체의 글이 가지는 속도감의 정체이고, 바로 그것으로 인해 니체는 이제 산이 된다. 그 안에 수없이 많은 샛길을 가진, 오를 때마다 다른 느낌과 생각을 주는, 그래서 앞으로도 계속 올라야만 할 산.

신을 죽이고 그 자리에 허무를 창안한 자, 그리고 그 허무를 살아갈 것을 강력하게 주장한 자라는 점에서 그는 사르트르의 실존주의와 만난다. 이성의 우연성과 이성이 정초하는 근거의 박약함을 강하게 주장하고 있다는 점에서는 현재 진행되는 합리성 비판과 만나게 된다. 이성을 넘어선 몸과 감각의 존재, 광활한 대지적 가능성으로 인간을 파악한다는 점에서는 프로이트의 무의식, 정신분석과 만난다. 주체에 대한 비판은 비트겐슈타인과 현대 언어철학의 밑그림이 되고 있고, 나아가서는 구조주의와도 만난다. 헤겔과 칸트, 그리고 데카르트식의 절대적 근거에 대한 해체는 현대의 다양한 해체의 논의와 만나게 된다. 그리고 결정적으로 그 구조 속에서 질식해 버린 주체의 부활과 복권이란 화두가 그의 삶을 관통한다는 점에서는 흔히 포스트모더니즘이라고 불리는 현대적 사유의 흐름과 만난다. 니체가 바라본 당대의 현실은 불행히도 '지금-여기'의 우리 현실과 만나고, 그가 노래한 미래는 우리가 꿈꾸는 미래의 비전을 구성한다.

〈선과 악을 넘어서〉가 출간되었을 때 비트만이란 학자는 스위스의 분트 지에 "니체의 위험한 책"이란 제목의 서평을 실었다.

위험? 위험이라고? 잠시 '위험'이라는 말에 대해 생각해 볼 필요가 있다. '위험'하다는 것은 정체를 파악할 수 없는 타자(他者)에 대해 인간이 습관적으로 붙이는 수식어다. 그의 책이 '위험'하다고 평가받은 것은 그가 당대의 사상과 소통할 수 없었기 때문이다. 그가 겪은 시대와의 불화 역시 이런 맥락에서 이해할 수 있다. '당대의 현재'에 징조로 떠오르던, '지금-여기의 우리 삶'을 둘러싸고 있는 모든 질서를 파괴하고 텅 빈 들판에 나서서 다가올 미래를 목놓아 노래하는 한 광인의 이미지. 이것이 내가 떠올리는 니체의 이미지다. 시대를 앞서 미래를 노래한 철학자.

피카소가 기괴한 그림을 처음 발표했을 때 그의 든든한 후원자였던 소설가 제르트뤼드 스타인은 "모든 걸작이 이 세상에 선보인 때는 이와 같이 추한 모습을 하고 있게 마련이다. 이 추한 모습은 화가가 무언가 새로운 것을 창조하고자 투쟁한 흔적이다"고 옹호했다. 그는 당대와 소통할 수 있었고, 그 결과 미술사에 한 획을 그은 천재의 삶을 살았다. 반면, 고흐는 생전에 단 한 점의 그림을 팔았을 뿐 철저히 미술사의 이방인으로 떠돌았으나 현대의 미술 감상자들은 그와 소통하기 시작했고, 그의 삶과 그림은 '지금-여기'의 현재를 더욱 풍성하게 만든다. 영국의 평론가이자 소설가 콜린 윌슨은 그의 책 〈아웃사이더〉에서 말한다. '천재와 광인의 차이는 당대와의 소통 여부로 결정되는 것'이라고.

모든 지적 탐구 작업의 궁극적 목표는(그것이 설사 과거를 다루는 작업이라고 할지라도) 현재의 삶에 대한 문제의식, 나아가 미래에 대한 비전을 설계하는 데 있다. 그런 점에서 니체의 철학은 '이미 지나가버린 과거'의 철학이 아닌 '지금-여기'에서 진행되고 있는 철학으로 읽혀야 한다. 이제 니체는 시대를 앞서간 광인으로서가 아니라 '지금-여기'의 문제를 누구보다 치열하게 비판한 자로, 그리고 미래를 구성하는 데 반드시 넘어야 할 산으로 다시 해석되어야 한다.

▌편견과 독단에 대한 니체의 비판

이제 "어떻게 선험적 종합 판단이 가능한가?"라는 물음을 "어째서 그러한 판단에 대한 믿음이 필요한가?"라는 물음으로 바꿀 때가 왔으며, 그러한 판단이 진리로 받아들여질 필요가 있는 것은 우리 인간들의 생존을 위해서라는 점을 이해할 때가 왔다. 그럼에도 불구하고 그러한 판단이 그릇된 판단임에는 변함이 없다.(제11항)

1. 진리에의 의지? - 힘에의 의지

오랫동안 철학자들을 충분히 관찰하고 난 뒤에 나는 스스로 다음과 같은 결론을 얻었다. 그것은 의식적인 사고의 상당 부분, 심지어는 철학적 사고의 상당 부분까지도 본능적 행위의 영역 속에 포함되어야 한다는 것이다. 우리는 유전과 '선천적인 것'에 대해 다시 배워야 했듯 이 점에 대해서도 다시 배워야 한다. 유전의 전 과정과 절차를 생각하면 출산이라는 행위가 아주 자연스러운 일로 보이듯이 '의식적인 것'도 본능적인 것과 아주 상반되는 것이 아니다. 철학자의 본능은 그의 사고 대부분이 일정한 경로를 따라 움직이도록 비밀스럽게 인도하고 강제한다.

겉보기에는 독자적으로 성립한 것 같은 모든 논리도 그 배후에는 가치 판단, 좀더 명확히 말해 일정한 형태의 삶을 유지하기 위한 생리적 욕구가 도사리고 있다. 명확한 것은 모호한 것보다 낫고, 단순한 형상보다는 '실체'가 낫다는 식의 판단을 예로 들어 보자. 그것은 우리에게 법칙적인 중요성을 갖는 것이기는 해도 단순히 피상적인 판단에 불과한 것이거나 우리 같은 존재들이 스스로를 유지하는 데 꼭 필요한 어리석음 같은 것일 수도 있다. 인간이 반드시 '만물의 척도'는 아님을 가정한다면 말이다.(제3항)

전통적인 철학은 항상 자신의 이론을 이성, 의식, 실체, 주체, 자아, 물자체와 같은 절대 불변의 기초 위에 세우고자 했다. 그리고 그러한 불변의 기초와 연결되는 순간, 진리란 이름을 얻게 된다. 결국, 모든 학자들은 끊임없이 '진리에의 의지'를 동력으로 삼아 진리를 찾는 많은 모험에 투신하게 된다고 생각한다. 그러나 진실로 우리 내부의 어떤 것이 진리를 원하는가? 참으로 오랫동안 멈춰 서서 이러한 의지의 원인에 대해 생각했고, 마침내 보다 근원적인 의문에 도달한 우리는 이 의지의 가치에 관해 물었다. 그렇다면 우리가 어째서 차라리 허위를, 불확실을, 무지를 구하지 않고 하필이면 진리를 구하는지 생각해 보기'(제1항)로 하자. 그러면 우리는 동어반복에 빠지게 된다. 그 이유는 자신의 이론을 불변의 진리로 만들고 싶어서다. 니체는 바로 이 지점에 대고 질문을 던지는 거다. 왜? 불변의 진리가 되길 원하는가?

인간의 인식만이 참된 인식일까? 모기가 보는 세상은 틀린 세상이고, 인간이 보는 세상만이 진리일까? 피 냄새가 나는 것과 나지 않는 것으로 세상을 틀 짓고 보는 모기와, 이성이라는 틀로 세상을 규정하는 인간 중에 어느 쪽이 진짜 참된 세상을 보는 것일까? 결국 각자의 삶을 영위하는 데 가장 적합한 방식으로 세상을 창조하고 있는 것은 아닐까? 그렇다면 우리는 '진리에의 의지'보다 더 깊숙한 곳에서 꿈틀대는 원초적 본능을 보게 된다. 자신에게 가장 알맞은 형태의 삶을 유지하기 위한 생리적 욕구!

따라서 자신들의 삶을 자연, 즉 영원한 진리에 따르도록 하려는 고상한 스토아 학자들 역시 '자연이 스토아 철학에 따른 자연이기를 요구하며'(제9항) '우리의 허영심은 우리가 가장 잘하는 일이 우리가 하기에 가장 어려운 일로 인식되기를 바라기'(제143항)에 '스토아주의를 끝없이, 그리고 영원히 찬미하고 일반화시키고'(제9항)자 의도하는 것일 뿐이다.

따라서 '철학이란 이러한 전제적(專制的) 충동 그 자체이며, 힘, 세계 창조, 그리고 제1원인을 지향하는 가장 정신적인 의지'(제9항)인 것이다.

산다는 것은 끊임없이 타자를 자신에게로 동화시키는 과정이다. 이를테면, 타자의 뼈와 살을 씹어 나의 뼈와 살의 일부로 만드는 과정, 자신의 삶의 영역을 지켜내고 확장하는 끊임없는 과정이다. 그리고 인간은 이 과정을 가장 효율적이고 통일적으로 수행할 수 있는 해석의 방편으로 세계를 인식하고 의미를 부여한다. 결국 '도덕적 현상이란 존재하지 않고, 현상에 대한 도덕적 해석만이 존재할 따름이다.'

(제108항)

　　니체는 "비도덕적 의미에서의 진리와 거짓에 대하여" 라는 글에서 모기와의 대화 형식을 빌려 인식의 도구적 성격을 폭로하고 있다. 인간은 인식을 발명함으로써 비로소 세계의 중심에 위치하게 되었다는 것. 신체적으로 유약하기 그지없는 인간이 세계를 지배할 수 있는 것은 이성 때문이란 점은 이미 잘 알려진 사실이다. 그러나 엄밀하게는 이러한 이성과 인식도 사실은 인간이 자기보존을 위해 만든 허구에 불과하다. 세계가 본래 규칙적이기 때문에 우리가 자연법칙을 인식하는 것이 아니라, 규칙성 없이는 실존할 수 없기 때문에 세계에 법칙을 부여한 것. 설사 세계에 법칙이 내재한다고 할지라도, 인간은 유한한 까닭에 이 법칙을 전체적으로 파악할 수는 없다. 인간은 근본적으로 오직 상대적 정당성 아래에서만 자신을 주장할 수 있는 존재다. 자신의 삶과 행위에 정당성과 규칙성을 부여하는 것은 인간실존의 보존을 위해 필수적이다. 그러므로 인간이 세계를 인식하고 파악하고자 하는 것은 이론적 관심의 결과가 아니라 1차적으로 자기보존의 유용성에서 기인한다. 만약 인간이 세계와 관계를 맺는 것이 세계를 지배하고 예속시키기 위해서라면, 칸트, 헤겔, 데카르트, 그리고 고상한 스토아학파에게도 그들의 인식과 학문은 근본적으로 '힘에의 의지'에 의해 규정된다.

2. 주체와 사유의 언어 구속성

솔직히 말해서 모든 철학적 독단이 이제까지 항시 해오던 버릇대로 아주 근엄하고 단정적인 냄새를 풍긴다고 해도 결국 겉보기에만 그럴싸하지 실은 고상한 치기와 미숙에 불과한 것이다. (중략)

그것이 기초로 삼아왔던 것은 고작해야 태고적부터 내려온 아주 낡은 통속적 미신(그 대표적인 것은 주관과 자아라는 미신의 형태로서 아직까지도 말썽을 빚고 있는 영혼에 관한 미신)이나, 문법에 의한 말장난이나 현혹, 혹은 매우 협소하고 매우 개인적이며 인간적인 너무나 인간적인 사실들의 무모한 일반화 등이다.(서문)

자기동일성, 즉 동일율과 모순율을 토대로 하는 논리적 사유는 인간의 인식에 진리성을 부여해 주는 도구다. 해석과 의미 부여 이전에 이미 존재하는 그 무엇, 그리고 그 무엇과 언어와의 논리적 일치 과정을 통해 전통의 사상은 자신의 이론에 절대적 진리성을 부여할 수 있었다. 그러나 니체는 이러한 논리적 사유 역시 인간의 필요에 의해 만들어진 허구라고 비판한다. 그것도 필연성을 상실한.

주체와 대상, 주체와 그 행위로 이루어지는 언어적 진술은 우선 시간의 흐름 속에서 자기동일성을 유지하는 고정적 자아를 상정한다. 그리고 역시 자기동일성을 유지하는 해석 이전의 대상을 상정한다. 하지만 니체는 이러한 전제가 문법적 관습에 의한 착각임을 밝힌다. 번개가 칠 때 우리는 흔히 '하늘에서 번쩍했다'고 말한다. '번쩍하다'는 우리가 해석하도록 주어진 하나의 사건이다. 따라서 인도 게르만어에서는 특정한 주체로 환원할 수 없는 어떤 사건을 서술할 경우에는 비인칭 주어를 쓴다. 우리에게 처음 주어진 사건은 우리 몸에 영향을 미친 하나의 힘의 작용이다. 힘의 작용을 서술하는 술어에는 항상 주어가 있게 마련이란 문법적 구조에 대한 믿음 때문에 우리는 이 작용을 야기한 원인, 즉 작용하는 주체를 전제한다. 그리고 사유의 주체는 항상 존재해야 한다는, 어디까지나 믿음을 바탕으로 작용하는 주체를 하나의 존재자로서 이해한다. 다시 말해 '번쩍하는' 자연현상은 작용의 주체인 '번갯불'로 파악되고, 번갯불은 이제 실제로 존재하는 '번개'가 행한 행위라고 해석되는 것이다.

니체는 동일한 방식으로 데카르트적 주체의 허구성을 폭로한다.

"나는 생각하고 있다"란 문장이 이루어지는 과정을 분석해 보면 나는 하나같이 증명하기 어렵고 아마도 거의 입증이 불가능한 무모한 주장들만 발견할 뿐이다. 그런 주장들을 나열해 보면, 생각하는 사람은 나라는 것, 생각하는 무언가가 필연적으로 존재해야 한다는 것, 생각이란 그 원인이 되는 존재 쪽에서의 움직임

이요 작용이라는 것, '자아(ego)'란 것이 존재한다는 것, 그리고 마지막으로 생각이라는 말이 무엇을 의미하는가는 이미 결정되었다는 것, 다시 말해 생각이 무엇인가를 나는 안다는 것 등이다. 따라서 만일 내가 생각이 무엇인가를 아직 정의해 두지 않았다면 어떤 기준에 의해 방금 발생한 것이 '의지'인지 '감정'인지를 결정할 수 있을까? 간단히 말해서, "나는 생각하고 있다"란 진술은 그것이 무엇인가를 결정하기 위해 현재 순간의 내 상태와 내가 알고 있는 나 자신의 다른 상태와의 비교를 전제하고 있다. 이처럼 다른 '지식'과의 소급적 관련성 때문에 어쨌든 내게 그 진술은 어떠한 자명한 확실성도 갖고 있지 않다.(제16항)

니체가 파악하는 문법은 인간이 세계를 이해하는 해석 방식을 규제한다. 따라서 특정한 문법이 지배하면, 세계 해석의 다른 가능성들에 도달할 길이 원천 봉쇄되어 있는 것처럼 보인다. 둘째, 우리가 문법을 단순히 언어 규칙의 체계로 이해하지 않고 세계 해석의 방식으로 파악한다면, 세계 해석의 문법은 논리적 사유에 의해 만들어진 것이 아니라 세계를 자신에게 동화시키고자 하는 힘과 생명의 산물이다. 이런 맥락에서 니체는 '특정한 문법적 기능들의 명령은 근본적으로—특정한 종의 생명을 보존·고양시킬 수 있는—생리학적 가치판단의 명령'이라고 결론을 내린다. 그렇다면 모든 개별적 언어에 공통적인 통일적 일반규칙은 있을 수 없다. 개별적 삶의 방식과 문화에 고유한 다수의 언어규칙들이 있을 뿐이다. 따라서 니체는 다음과 같이 말한다.

인도, 그리스, 독일의 모든 철학적 사유 행위가 놀랄 정도로 가족 유사성을 지니고 있다는 것은 아주 간단하게 설명된다. 언어 유사성이 있는 바로 그곳에서는 공통된 문법 철학에 힘입어(내가 생각하는 것은 동일한 문법 기능에 의해 무의식적인 지배와 운영에 따른다는 것을 의미한다.) 철학 체계가 동일한 방식으로 전개되고 배열되도록 처음부터 모든 것이 준비되어 있다는 것은 도저히 피할 수 없다. 마찬가지로 또한 그곳에서는 세계 해석의 어떤 다른 가능성을 향한 길이 막혀 있는 것처럼 보인다. 우랄알타이 언어권에 속하는 철학자들은(이 언어권에서는 주어 개념이 가장 발달되지 않았다.) 아마도 인도 게르만족이나 이슬람교도와는 다르게 세계를 바라볼 것이며, 그들과는 다른 길을 찾게 될 것이다. 특정한 문법적 기능에 속박되는 것은 궁극적으로는 생리학적 가치판단과 종속적 조건에 속박되는 것이다.

사유 현상을 조금이라도 세밀하게 관찰하면, 우리가 사상의 주인이라기보다는 오히려 사유의 과정에 내맡겨져 있다는 것을 발견하게 된다. 우리는 흔히 좋은 착상과 영감은 순식간에 떠오른다고 말한다. 이런 맥락에서 니체는 "하나의 사상은 '그 사상'이 원할 때 오지, '내가' 원한다고 해서 오지는 않는다"(제17항)고 말한다. 우리가 사유라고 명명하는 사건의 본질은 근본적으로 우리에게 은폐되어 있기 때문에 니체는 데카르트적 주체를 해체하면서 다음과 같은 결론에 도달한다. "사상은 우리의 내면에서 떠오른다—어디로부터? 무엇을 통해? 나는 그것을 알지 못한다고." 그런데 어째서 우리는 사유라는 사건을 있는 그대로 해석하지 못하고 언어의 규칙에 따라 주어와 술어, 주체와 사유의 관계로 도식화하는 것일까? 그것은 바로 원인과 결과, 주체와 행위의 도식에 의존하지 않고서는 사건을 다르게 해석할 수 없기 때문이다.

"어떻게 무엇인가가 그 반대되는 것에서 생겨날 수 있겠는가?" 예를 들어 거짓에서 진실이, '기만에의 의지'에서 '진리에의 의지'가, 이기심에서 사심 없는 행위가, 정욕에서 현인의 순수하고 날빛 같은 관조가 생겨날 수 있는가? 그것은 불가능하다. 그런 것을 꿈꾸는 자들은 분명 바보이거나 혹은 그 이상이다. 최고의 가치를 지닌 것들은 다른 형태의 독자적인 기원을 가져야 한다. 그것들은 덧없고 현혹적이며 기만적이고 비루한 이 세계, 이 정욕과 망상의 와중에서 나오는 것이 아니라, 존재의 모태나 불변적인 것, 혹은 숨은 신과 물자체 등에서 나올 수 있으며 그 이외의 근원은 있을 수 없다.

이러한 판단 방식은 고금을 막론하고 모든 형이상학자들이 지니고 있는 전형적인 선입견과 편견을 드러내준다. 이런 식의 가치판단이 그들이 가진 모든 논리의 배경에 도사리고 있다. 그들의 지식에 대한 관점과 그들이 마침내 엄숙하게 진리라고 명명한 것에 대한 관점 등은 바로 이러한 신앙에서 비롯된다. 형이상학자들이 지닌 믿음의 근본을 이루는 것은 상반되는 가치의 대립에 대한 믿음이다. 그들 가운데 가장 신중했던 사람조차 '모든 것을 의심해 봐야 한다'고 단언했음에도 꼭 의심해 볼 필요가 있는 논리의 발단에 대해서는 아무런 회의도 갖지 않았다.(제2항)

니체의 망치질, 견고한 세상을 부수다
–의미 없음의 의미

인식의 힘

최승호

절망한 자들은 대담해 지는 법이다. —니체

도마뱀의 짧은 다리가

날개 돋친 도마뱀을 태어나게 한다.

획기적인 인생 전환점을 마련하려면 우리의 악을 우리가 가진 최선의 것이라고 생각할 만한 용기를 가져야 한다.(제116항)

이론적 탐구의 동력이 진리가 아니라 힘에의 의지라는 것은 어떤 의미를 가지는 걸까?

치통에 시달려본 사람은 안다. 내가 얼마나 이인지. 치질에 시달려본 사람은 안다. 그 순간 내가 얼마나 항문인지. 치통은 나로 하여금 세계를 얼마나 이의 입장에서, 그리고 치질의 고통은 또 얼마나 세상을 항문의 입장에서 해석하게 하는지를. 생명이 갖는 가장 큰 특징은 무한한 변화와 생성이다. 힘에의 의지가 모든 생명의 근원적 충동인 한, 그 힘에 바탕을 둔 세계 해석은 더 이상 고정된 진리가 아니라 끊임없이 생성·소멸하는 다양한 해석의 놀이터가 된다.

사유와 주체가 언어적 유희의 작품일 뿐이라는 것은 또 무슨 의미인가?

전통적으로 이론 너머의 절대 진리를 보장하는 개념으로 마련된 사유나 주체라는 개념은 문법적 허구일 뿐이란 것이다. 문법 역시 힘에의 의지를 통한 인간적 창작이라면 사유나 주체 역시 허구일 따름이다.

어떤가? 이제 허무해졌는가? 얼마나 덧없는 것인가. 절대적 진리는 모두 사라져버렸다. 절대적 근거가 사라진 자리에 남은 것은 쓰라린 폐허다. 인생의 정답을 찾을 수 없다는 냉혹한 선고, 그것이 니체가 내린 답의 의미다. 하지만 헛된 희망이 아니라 뼈저린 자각에서 니체는 희망을 노래한다. 오히려 희망을 본다.

생각해 보자. 역사에서 절대적 근원과 목표가 있어서 그것만이 소중하고 중시된다면, 오히려 역사를 허무하게 만드는 것이 아닐까? 역사를 만드는 현재의 의미는 너무 가벼운 것이 되고, 우리가 살고 있는 현재는 단지 그 절대적 목표의 수단이 되고 마는 것은 아닌지. 미래의 질서가 과거의 근원 속에 이미 내재하고 있는 필연적인 그 무엇이라면 결국 우리가 현재의 조건에서 미래를 창조할 가능성은 전혀 없어지고 마는 것이 아닌지. 우리는 그동안 삶 속에서 이성을 진리를 발견하려고 한 것이 아니라 이성 혹은 진리란 이름으로 삶을 제한한 것은 아니었는지.

한 개의 오렌지가 갖는 진리는 무엇일까? 누군가에게는 술 담그는 재료이고, 누군가에게는 한 끼 식사이고, 또 언젠가는 미적 감상의 대상이고, 또 다른 때는 연인의 소중한 징표가 되는, 무한한 해석들 속에서 펼쳐지는 의미들 사이에 있는 것은 아닌지.

공자를 죽이는, 노자나 석가를 죽이는, 모든 고전과 인간적 가치를 죽이는 가장 확실한 방법을 알려줄 때가 되었다. 그 방법은 간단하다. 공자의 글에 대한 최종적 진리치를 부여하고, 공자를 박물관에 보내는 것이다. 그러면 공자는 죽는다. 공자가 아직도 살아 있을 수 있는 것은 현실의 삶에서 끊임없이 공자가 해석되고 현실 문제에 끊임없이 개입하기 때문이 아닐까? 무수히 갈래질치는 다양한 해석 속에서 공자의 진리는 살아나는 것이다.

니체 사상이 가지는 의미
─기억하라! 위대한 망각의 힘을

사랑하라, 한 번도 상처받지 않은 것처럼

알프레드 디 수자

춤추라, 아무도 바라보고 있지 않은 것처럼

사랑하라, 한 번도 상처받지 않은 것처럼

노래하라, 아무도 듣고 있지 않은 것처럼

일하라, 돈이 필요하지 않은 것처럼

살라, 오늘이 마지막 날인 것처럼

인간의 성숙, 어려서 놀던 때 가졌던 진지함을 재발견하는 것.(제94항)

니체라는 거대한 산을 독단과 편견에 대한 저항이란 틀로 살펴보았다.

첫째, 니체는 삶의 원초적 방식이 '권력에의 의지'이며,

이 의지가 형이상학적 전제조건인 '진리에의 의지'보다 우선함을 밝혔다. 둘째, 전통적 진리이론인 대응성을 해체함으로써 인식주체와 인식대상이 실재하고 있다고 생각하는 실체론적 견해를 부정했다. 그리고 그 허무의 터에서 희망을 노래했다.

니체는 결국 세계는 이미 거기에 그렇게 있는 것이 아니라 우리의 해석에 의해 끊임없이 창조되는 것임을 이야기한다. 따라서 그가 우리에게 들려주는 메시지는 끊임없는 창조와 다르게 해석하기이다. 더 이상 쪼갤 수 없는 절대불변의 원자, 하지만 생의 의미는 절대불변의 원자에 있는 것이 아니라 끊임없이 결합하는 과정에 있는 것은 아닐까? 새로운 결합, 새로운 관계 맺음에서 무한한 의미를 생성해내는 것. 그 속에 삶의 의미가 있고, 결코 멈추지 않는 이행의 순간에 진리는 찬연히 빛나는 것이 아닌지.

그러기 위해 니체는 이타심이 아니라 이기심의 의미를, 관용이 아니라 잔인함의 의미를, 모든 버려진 것들이 지니는 정당한 의미를 탐구하고자 한다.

어떤 판단이 잘못됐다고 해서 그것을 반드시 부정할 필요는 없다. 이렇게 말하면 아주 이상하게 들릴지도 모른다. 문제는 그런 판단이 어느 만큼 삶을 고양·보존시키고 종을 유지·계발시켜주느냐에 달려 있다. 근본적으로 우리는 가장 그릇된 판단(선험적 종합 판단 포함)일수록 우리에게 가장 필수적인 것이라고 주장하고 싶어한다. 또한 논리적 허구를 용인하고 절대자, 자기동일자라는 전혀 공상적인 세계를 근거로 해서 현실을 파악하고 수라는 수단을 통해 지속적으로 세계를 왜곡하지 않고서는 살아갈 수 없다고 주장하고 싶어한다. 즉 그릇된 판단을 거부한다는 것은 삶을 거부하고 부정한다는 것을 의미한다는 말이다. 거짓을 삶의 한 조건으로 인정한다는 것은 통념화된 가치 개념에 대한 다소 위험스러운 거부를 의미한다. 그리고 그런 거부를 감행하는 철학은 그것만으로도 이미 선과 악을 넘어서 있는 것이다.(제4항)

이것이 니체가 우리에게 보여주는 길이다. 세계는 원래 그렇게 있는 것이 아니라 우리의 창조를 통해 끊임없이 변해가는 것이었다는 점. 그 생성의 과정을 놓치는 순간이 진정 허무의 순간이라는 점. 무한한 생성으로 나가기 위해서는 우리가 잊고 있던 거짓과 허위, 상상과 창조성을 되찾아야 한다는 것. 망각을 되살리기 위해서는 과거의 기억, 고정된 정체성, 선입관, 타인의 시선을 망각해야 한다는 것. 그래서 니체는 또 말한다. '인간의 성숙, 어려서 놀던 때 가졌던 진지함을 재발견하는 것'(제94항)이라고. 어린아이들을 보라. 얼마나 진지하게 노는가. 정말로 자신이 책상도 되고, 의자도 되고, 엄마도 되고, 아빠도 되지 않는가? 그것이 가능한 것은 모든 기억, 시선, 불안을 망각하는 것. 우리에게 희망은 어린이들과 같은 그 순수한 망각의 힘, 동시에 우리에게 있었지만 우리가 잊고 있던 망각의 힘을 되살리는 것이다.

물론, 이러한 이행은 한 번으로 끝나서는 안 되기 때문에 니체는 친절하게 덧붙이고 있다.

인간의 영혼을 고귀하게 하는 것은 그 열정의 강도가 아니라 지속이다.(제72항)

니체의 당부는 여기서 끝이 난다.

현대 사회를 설명할 때 흔히 '다원화'란 표현을 사용한다. 수많은 인종과 종족, 문화와 종교, 그리고 신념과 가치가 한 사회 안에서 뒤섞인다. 정말 신은 죽은 것일까? 그리고 니체가 말하는 '허무'의 조건이 실현된 걸까? 이제 우리는 무한한 생성으로 이어지는 생명의 삶을 살 수 있게 된 걸까? 니체에게 허무는 신, 혹은 신의 이름으로 상징되는 절대적 진리나 절대적 가치의 죽음과 함께 도래한다.

그러나 여전히 우리는 휴머니즘, 진보, 과학, 산업개발의 이념을 조금도 의심하지 않는다. 근대적 기계 모델에 기초한 세계관에 흠뻑 빠져 상품, 화폐, 권력, 식욕, 성욕 등의 물신 숭배에 열을 올린다. 그 결과 지금도 경쟁, 전쟁, 살육, 생명의 파괴에 몰두하고 있다.

우리에게 여전히 세계는 완전히 통일되어 있으며 확실한 진짜인 것이다. 그리고는 인생은 의미가 충만한 것이라고 믿으며 진품을 추구한다.

신은 아직 죽지 않았다. 신이 죽은 허무의 자리에서 살수 있는 초인은 아직 출현하지 않았다. 니체는 여전히 미래이고, 세상은 너무나 확실하다.

생각해 보기 1 여성에 대한 니체의 묘사는 그의 사고가 지닌 근본적 결함을 지적하거나 그의 사상 전반을 부정하는 논리로 자주 활용된다. 그만큼 그의 묘사는 현재의 시각에서 부담스럽다. 그러나 좀더 그를 이해하고자 하는 측면에서 여성에 대한 그의 서술을 해석해 볼 수는 없을까? 아래 제시하는 니체의 글과 여성운동의 흐름에 대한 글을 읽고 생각해 보자.

1. 니체의 글

234 |

요리사로서의 여성이 부엌에서 자행하는 어리석음, 가장과 가족의 식사를 아무렇게나 마련하는 그 소름끼치는 무신경함! 여성은 음식물이 어떤 의미를 가지는지 이해하지도 못하면서 요리사가 되고자 한다. 만일 여성이 조금이라도 생각이 있는 동물이라면 수천 년간 요리를 해왔으니 위대한 생리학적 사실쯤은 발견했어야 했고 의술(醫術)도 획득했어야 마땅하다. 부엌에서의 이성이 완전히 결핍된 이 서투른 요리사들로 인해 인류의 발전은 한없이 지체되었고 혹심한 피해를 입어왔다. 그런데 오늘에 와서도 사태는 별로 달라지지 않고 있다. 신부 학교의 처녀들에 대한 한 마디.

238 |

'남성과 여성'이라는 근본 문제에 대해 잘못된 생각을 가지고 양자 간의 심각한 대립을 부정하고, 필연적으로 적대적 긴장이 영원히 계속되리란 것도 부정하고, 권리의 평등, 교육의 평등, 요구와 의무의 평등을 꿈꾼다는 것은 전형적인 천박함의 증거이다.

239 |

우리 시대처럼 여성이 남성의 존중을 받은 시대는 없었을 것이다. 그것은 노인에 대한 무례와 더불어 민주주의적 성향과 그 근본적인 취향에 속하는 것이다. 이러한 존중을 악용하는 일이 있다 해서 하등 이상 할 것은 없다. 여성은 더 많은 것을 원하고 요구하는 법을 배워 마침내 이러한 존중의 표시를 모욕으로까지 받아들이고 권리의 쟁취를 위해 나서고 심지어 투쟁하기까지 하려 한다. 실로 여성은 품위를 잃어가고 있다. 다시 말해 심미안을 잃어가고 있다. 그녀는 남성에 대해 두려워할 줄 모르게 되고, '두려움을 모르는' 여자란 여자다운 본능들을 포기한 여자다.

두려움을 불러일으키는 남성적 요소, 보다 정확히 말해 남자 안에 있는 남성이 더 이상 요구되지 않고 육성되지도 않을 때 여자들이 나와 설치는 것은 아주 당연하고 충분히 이해할 수 있는 일이다. 이해하기 어려운 일은 바로 그러한 이유로 여자들이 타락한다는 점이다. 이것이 오늘날의 현상이다. 우리는 이러한 현상을 직시해야 한다.

산업적 정신이 전투적·귀족적 정신을 압도하고 있는 오늘날 여성은 사무원으로서 경제적·법률적 자립을 이루기를 갈망하고 있다. '여사무원'이라는 문패가 막 형성되고 있는 현대 사회의 문 앞에 걸려 있다. 이처럼 여성이 새로운 권리를 획득하게 되고 '주인'이 되고자 갈망하며 여성의 '진보'를 깃발처럼 내걸고 있을 때 이와 상반되는 현상이 뚜렷이 목도된다. 즉 여성이 퇴보하고 있다는 것이다.

프랑스 대혁명 이래로 유럽에서는 여성의 권리와 요구가 증대되어 가는 데 비례해서 여성의 영향력은 감소되어 가고 있다. (중략)

여성에 대한 남성의 존경심을, 또 때로는 공포심까지

유발시키는 것은 그녀의 자연이며—남성의 그것보다 훨씬 '자연적'이다—맹수의 순수하면서도 교활한 유순함이며, 장갑 속에 숨겨진 호랑이의 발톱이며, 그녀의 소박한 이기심이며, 교화시키기 어려운 그녀의 속성과 야성이며, 그녀의 욕망과 미덕의 이해하기 어려운 속성과 그것들의 폭넓은 활동범위이다.

2. 여성운동의 흐름에 대한 글

1970년대 내내 페미니스트들은 섹스(sex)와 젠더(gender)의 구분이 매우 중요하다고 주장했다. 시몬 드 보부아르(S. de Beauvoir)는 〈제2의 성〉(1949)에서 "여성은 태어나는 것이 아니라 만들어진다"고 했고, 케이트 밀레트(K. Millet)는 〈성의 정치학〉(1970)에서 "태어날 때는 두 성 사이에 아무런 차이가 없다"고 고백했다. 그들은 모두 섹스보다 젠더를 강조한 것이다. 이것은 '자연적인' 것과 '사회적인' 것을 구분하는 일반 통념을 염두에 둔 주장이었다. 사람들은 보통 자연적인 것이라면 보편적이고 당연하며 바꿀 수 없는 것이라고 여기지만, 사회적·문화적으로 구성된 것이라면 의식적 노력이나 사회적·문화적 실천을 통해 변화시킬 수 있다고 믿는 경향이 있다.

이에 페미니스트들은 섹스와 젠더의 구분을 통해 가부
장적 사회질서가 변화가능하며, 또한 변화가 당연하다는 쪽
으로 사람들의 생각을 바꾸려 했다. 남녀의 생물학적 차이
는 인정하되 사회적 차별은 부당하다는 것이 그들의 생각
이었다. 젠더란 개념은 이렇게 섹스와 젠더의 구분, 더 넓게
는 자연과 사회 그리고 차이와 차별의 구분에 의존하는 것
으로서 정착되었다.

1970년대 젠더론자들은 인류학과 사회심리학의 논의
에 기대어, 자연적 섹스가 인간을 남녀로 구분하는 것은 사
실이지만 생물학적 특질 외에 다른 성적 특질들은 그 사회
에서 규정한 성역할을 획득해 나가는 사회화 과정을 거치
면서 형성되며, 이렇게 형성된 젠더가 남녀를 차별적으로
분리함으로써 여성 억압이 유지된다고 주장했다. 즉 성역
할과 구조, 그리고 이것을 떠받치는 문화가 있으며, 남성과
여성은 성역할의 사회화 과정을 통해 이를 내면화함으로로써
서로 다른 구분된 인성체계를 갖게 되며, 그 인성의 차이가
다시 성역할의 구조를 유지 · 재생산한다는 것이었다.

남성의 몸으로는 불가능한 출산능력을 '적극적 저항의
무기'로 삼는 리치(A. Rich)나 드워킨(A. Dworkin)에 따르
면 출산은 남성의 엄청난 권력과 비교하여 '여성이 지닌 유
일한 권력'이므로 '출산 지배권'을 확보하여 남성권력에 대
항하는 저항기제다. 리치에게 출산은 여성 억압의 원천이

아니라 '해방의 원천'이며, 출산 거부보다 '출산 기술에 대한 남성 통제력을 거부하는 것'이 더 중요하다. 또한 육체가 정신능력 발휘에 방해가 된다는 보부아르처럼 육체를 거부하고 무시하는 것은 결국 여성 스스로를 평가절하하는 것이라고 주장한다. 따라서 리치는 육체를 포기할 것이 아니라 생식능력을 지닌 육체를 적극 활용하는 방법을 모색하면서 양육과정에서 생물학적 모성에 대한 다양한 경험들을 이끌어내는 방법을 제안한다.

리치의 논의는 1980년대에 일어난 여성의 몸에 대한 관심과 몸 살리기 운동과 맥을 같이한다. 여성의 몸은 남성에 비해 여성의 열등한 상황을 초래하는 장치가 아니며, 남성의 정신적 능력과 대비되는 낮은 단계도 아니다. 아니, 오히려 몸의 긍정적인 측면과 적극적 역할을 부각시키는 토대가 되어 전면적 가치를 부여한다. 여기에는 여성성은 가치 있으며 복수적이고 다중적인 측면을 지닌다고 주장하는 여성주의자의 등장이 중요하게 작용하며, 우연히도 백인 여성주의자들에 대한 흑인 여성의 비판과 시기적으로 맞물린다. … 리치는 여성들을 미디어의 단순한 수용자가 아닌 의미 생산의 주체로 보면서, 그동안 무시되고 저평가된 여성들의 문화를 드러내고 정당하게 평가하는 데 주안점을 둔다. 이들은 경쟁, 갈등, 정의, 합리성 등을 중시하는 남성 문화와 대립시키며 보살핌, 책임, 생명, 공감 등을 여성 문화의 특징으로 제시했다.

 이 책을 읽으며 개인적으로 니체 글이 지닌 속도감이 가장 강렬하게 느껴지는 4장의 잠언들이 가장 좋았다. 다음에 소개하는 잠언들은 니체라는 거대한 산에서 내가 빠져들었던, 그래서 많은 추억을 갖게 된 샛길들이다. 그 샛길로 들어가 그 속에 함축된 무한한 에너지를 느껴 보시라.

65 |

'죄를 저질러서는 안 된다'라고 말할 때 인간은 그의 신에게 가장 큰 거짓말을 하고 있는 것이다.

68 |

'난 그것을 했다'고 내 기억은 말한다. '내가 그것을 했을 리가 없다'고 내 자존심은 말하며 좀체 굽히려 들지 않는다. 결국에 가서는 기억이 지고 만다.

72 |

인간을 고귀하게 만드는 것은 고귀한 감정의 강도가

아니라 그것의 지속이다.

78 |

스스로를 모멸하는 자라고 하더라도 모멸하는 당사자
로서의 자신은 존중하는 법이다.

94 |

인간의 성숙, 어려서 놀던 때 가졌던 진지함을 재발견
하는 것.

108 |

도덕적 현상이란 존재하지 않고, 현상에 대한 도덕적
해석만이 존재할 따름이다.

109 |

범죄자가 자신의 행위에도 미치지 못하는 경우는 흔히
볼 수 있다. 그는 자신의 행위를 하찮은 것으로 만들고 비
방한다.

116 |

인생의 획기적 전환점을 마련하려면 우리의 악을 우리
가 가진 최선의 것이라고 생각할 만한 용기를 가져야 한다.

128 |

그대가 가르치려는 진리가 추상적이면 추상적일수록 그대는 더욱더 감각들에 호소하지 않으면 안 된다.

143 |

우리의 허영심은 우리가 가장 잘하는 것은 우리가 가장 하기 어려운 것으로 간주되기를 바란다. 수다한 도덕의 기원.

146 |

괴물과 싸우는 사람은 그 과정에서 자신마저 괴물이 되지 않도록 주의해야 한다. 그리고 내가 심연을 들여다볼 때는 심연 역시 내 마음을 들여다본다.

150 |

영웅의 주변에서는 모든 것이 비극으로 화하고, 반신(半神)의 주변에서는 모든 것이 희극이 된다. 그러면 신의 주변에서는… 뭐? '세계'가 될 거라구?

152 |

"지식의 나무가 서 있는 곳에는 언제나 낙원이 있다." 옛날의 뱀이나 현대의 뱀이나 모두 이런 식으로 이야기한다.

154 |

이의(異議), 탈선, 건전한 불신, 조롱하기 좋아하는 것
등은 건강의 징조다. 절대적인 것은 모두가 병적인 것이다.

156 |

개인에게서는 광기를 찾아보기 힘들다. 그러나 집단,
당파, 민족, 시대 등에는 거의 예외 없이 광기가 존재한다.

157 |

자살을 생각하면 커다란 위안이 된다. 그 생각으로 사
람들은 수많은 괴로운 밤을 참고 견딜 수 있다.

164 |

예수는 그의 동족들에게 다음과 같이 말했다. "율법은
종들을 위한 것이었다. 내가 하느님의 아들로서 하느님을
사랑한 것처럼 하느님을 사랑하라! 하느님의 아들들인 우
리에게 도덕률 따위가 무슨 소용이 있단 말인가."

170 |

칭찬은 비난보다 더 주제넘은 짓이다.

다음 글을 읽고,

1. 두 글에서 공통된 진보관을 도출하여 오늘날의 진보관과 비교하고

2. (나)의 야만인의 관점을 근거로 (가)와 (나)의 진보관을 비판한 후,

3. 나름의 진보관, 또는 바람직한 사회상을 제시하라.

(가)

"누가 옳은지 스스로 판단해 보시오. 당신이오, 아니면 그때 당신을 시험에 들게 한 그자요? 첫 번째 질문을 상기해 보시오.(이 돌들로 빵이 되게 하라.) 표현이야 똑같지 않겠지만 의미는 이런 것일 테니까. '너는 세상에 나가고 싶어하는구나. 자유에 대한 무슨 약속만 있을 뿐 빈손으로 말이다. 하지만 순진하고 본래 비천한 인간은 그 약속의 의미를 깨닫지 못하여 두려워하고 무서워할 뿐이다. 왜냐하면 인간이나 인간사회에서 자유보다 더 견디기 힘든 것은 결코 없었으니까! 네 눈에도 뜨겁게 달아오른 이 벌거숭이 광야에서 뒹구는 저 돌들이 보이겠지? 그 돌들을 빵으로 변화시키란 말이다. 그러면 인류는 네가 손을 거둬들여 빵을 주

지 않으면 어쩌나 하고 영원히 불안에 떨면서 착하고 온순한 양떼처럼 네 뒤를 따를 테니…' 하지만 당신은 인간들로부터 자유를 빼앗고 싶지 않았기에, 빵으로 복종을 산다면 그게 무슨 자유인가라고 판단하여 그 제안을 거절했었소. 당신은 인간은 빵만으로 살 수 없다고 대답했지만, 그 지상의 빵의 이름으로 지상의 악마는 당신에게 반기를 들고 일어나 당신과 투쟁하여 결국 당신을 누르고 말 것이며, 모든 사람들은 '그 짐승을 닮은 자야말로 하늘에서 불을 훔쳐다가 우리들에게 가져다주었다!'라고 외치면서 악마의 뒤를 따르리란 사실을 당신은 모른단 말이오? … 사람들은 '먹여 살려라. 그리고 나서 선행을 요구하라!'라고 쓴 깃발을 당신에 맞서 높이 치켜들고 당신의 성전을 파괴할 것이오. … (그 자리에는) 새로운 건물이, 무서운 바벨탑이 새로 들어설 것이오."

　(중략)

　"그때 인류는 지하에, 카타콤에 숨어 있는 우리들을 찾아 나서고, 마침내 우리들을 발견하여 '우리들에게 빵을 주십시오. 하늘나라에서 불을 훔쳐다주겠다고 약속했던 자들은 우리들에게 불을 가져다주지 않았기 때문입니다'라고 외칠 것이오. 빵을 주는 자만이 그 탑을 완성시킬 수 있기 때문에 그제서야 우리들이 그것을 완성시킬 것이오. 그때 우리들은 당신의 이름으로 빵을 나눠주겠지만 당신의 이름이라는 것은 거짓말에 불과하오. 오오, 우리들이 없으면 그들은 결코, 결코 빵을 얻을 수 없는 것이오! 그들이 자유를 누리는 한 어떤 과학도 빵을 줄 수 없지만, 결국 그들은 우리들의 발아래 자유를 반납하면서, '우리들을 노예로 삼으시더라도 빵을 주시는 편이 낫습니다'라고 말할 것이오. 마침내 그들 스스로 지상의 빵과 자유가 양립될 수 없다는 사실을 깨닫게 될 것이오. 왜냐하면 그들은 두 가지를 절대로, 절대로 모두 가질 수는 없을 테니까!"

(중략)

"그들은 자신들이 무력하고 결함투성이의 하잘것없는 존재이자 반역자들이어서 당신은 그들에게 천상의 빵을 약속했지만, 다시 말해 두지만 무력하고 영원한 모순 속에서 허덕이며 영원히 비천한 존재인 그들의 눈에 그것이 지상의 빵과 비교될 수 있을 거라고 생각하오?"

"사람들의 자유를 지배할 수 있는 자는 오직 그들의 양심을 편안하게 해줄 수 있는 사람뿐이오. … 그런 점에서는 당신이 옳았소. 왜냐하면 인간 존재의 비밀은 그저 살아가는 데 있는 것이 아니라, 무엇을 위해 살아가느냐에 있기 때문이오. … 인간의 자유를 지배하기는커녕 당신은 인간에게 한층 더 많은 자유를 주고 말았소! 선악을 분별할 때의 자유로운 선택보다는 평안, 그리고 심지어는 죽음이 인간에게 더 소중하다는 사실을 당신은 잊었단 말이오? 인간에게

양심의 자유보다 더 매혹적인 것은 없지만, 그보다 더 고통
스러운 것도 없는 것이오. 그런데 당신은 인간의 양심을 영
원히 평안하게 할 튼튼한 토대를 마련해 주지는 않고 특별
하고 수수께끼 같고 불확정적인 것만을 가져왔고 인간에게
힘겨운 것만을 가져왔으니, 결국 인간을 전혀 사랑하지 않
는 것처럼 행동한 꼴이 되었소. … 당신은 당신에게 현혹되
어 포로가 된 인간이 자유의지로 당신을 따라 줄 자유로운
사랑을 기대했던 거요. … 당신은 자신의 왕국을 파괴시킬
토대를 스스로 마련한 것이니, 그 문제에 관한 한 누구도
탓할 수 없는 것이오."

—도스토예프스키 〈카라마조프 가의 형제들〉

(나)

　"젊은 친구" 하고 무스타파 몬드가 말했다. "문명은 인
격의 고결함이나 영웅적인 것을 결코 필요로 하지 않는다네.
그런 것은 정치적 무능의 징후지. 현대처럼 적절하게 조직
된 사회에서는 고결성을 지닌다든가 영웅적이 될 수 있는
기회가 누구에게도 없다네. 그러한 기회가 발생하려면, 우
선 사회의 상황이 철저하게 불안정해야 하지. 전쟁이 일어
난다든가, 충성의 의무감이 두 갈래로 갈라진다든가, 항거
해야 할 여러 가지 유혹이 있다든가, 싸워서 쟁취하느냐 수
호해야 하느냐 하는 식의 애욕의 대상이 있다든가. 그러한

경우라면 말할 것도 없이 고결한 정신과 영웅주의 같은 것이 다소 의의가 있겠지. 그러나 지금은 전쟁 같은 것은 없네. 누구든지 지나치게 사랑하지 않도록 최대의 주의를 다하고 있지. 충성의 의무감이 두 갈래로 갈라질 염려도 없네. 즉 사람들은 모두 그들이 마땅히 해야 할 일들을 하도록 길들여져 있지. 그리고 마땅히 해야 되는 것들이란 모두 지극히 즐거운 것이며, 자연적 본능은 대부분 자유롭게 해방되어 있네. 그러므로 항거해야 할 유혹 같은 것은 실제로 존재하지 않지. 그리고 만일, 우연히도 그 어떤 불행하고 불쾌한 일이 발생할 경우에는, 그때야말로 불쾌한 대상으로부터 벗어나 휴식을 취하도록 소마가 준비되어 있지. 화를 진정시키는 데도 소마가, 적과 융화하는 데도 소마가, 끈기 있게 지구력을 강화시키는 데도 소마가 준비되어 있네. 옛날에는 오랜 시간 동안 노력하고 격심한 도덕적 훈련을 해야만 이런 상태에 도달할 수 있었지. 그러나 지금은 반 그램의 소마 정제 두 개 내지는 세 개만 삼켜버리면, 그것으로 충분하다네. 지금은 어떤 사람이라도 도덕가가 될 수 있지. 병 속에다 도덕의 반만 집어넣은 채로 어디라도 갈 수 있다네. 눈물을 흘리지 않는 기독교 정신, 즉 소마가 그것이지.”

"그러나 눈물은 필요합니다. 오셀로가 말한 것을 기억하고 계시죠? ‘폭풍이 분 뒤에 언제나 이러한 고요가 찾아온다면, 죽은 자가 깜짝 놀라 깨어날 때까지 바람은 불지

어다.’ 나이가 많은 인디언이 항상 나에게 들려주던 이야기가 있습니다. 마사키의 소녀에 관한 이야깁니다. 그녀와 결혼할 젊은 남자는 그녀의 뜰에서 매일 아침 풀을 베지 않으면 안 되었습니다. 그것은 쉬운 일 같았으나 뜰에는 모기와 파리와 요술쟁이들이 있었습니다. 그래서 남자들은 대부분 물리거나 찔리기 때문에 참을 수가 없었습니다. 그런데 한 남자가 그것을 견뎌내고 소녀를 차지하게 되었다는 것입니다.”

“재미있군! 그러나 문명국에선” 하고 총재가 말했다. “풀 같은 걸 베어주지 않아도 여자를 얻을 수 있다네. 그리고 물거나 찌르거나 하는 모기나 파리도 없지. 1세기 전에 전부 전멸시켜 버렸으니까.”

야만인은 얼굴을 찡그리면서 고개를 끄덕거렸다. “전멸시켜 버렸다고요? 과연 당신들이 아니면 할 수 없는 일이죠. 불유쾌한 것은 모조리, 그것들과 싸우는 것을 배우는 대신 손쉽게 쫓아 버린다는 것이죠. 어떤 쪽이 남자의 마음이겠습니까? 잔혹한 운명의 돌팔매질과 화살을 받고도 참는 것, 조수처럼 밀려드는 재앙을 두 손으로 막아 싸워서 함께 쓰러지는 것입니까? 아니면 수수방관한 채 고민하는 것도 참는 것도 하지 않는 것입니까? 당신들이 하는 것은 오로지 돌과 화살을 없애 버리는 것뿐입니다. 그렇게 되면, 인생은 너무나 안이한 것이 되고 맙니다.”

(중략)

　"당신들에게 필요한 것은 눈물과 함께 그 무엇을 허락해서 받아들이는 것입니다. 이 사회에는 가치 있는 것이 아무것도 없습니다. 나약하고 모순덩어리인 이 한 몸을 던져서 운명도, 죽음도, 위험도 감히 돌보지 않고, 그러면서도 얻게 되는 것은 달걀껍데기 정도의 것, 이런 짓은 아무 가치도 없을까요?" 하고 묻고는 무스타파 몬드를 쳐다보았다.

　"많은 가치가 있지"라고 총재가 대답했다. "남자나 여자나 이따금씩 아드레날린을 자극시킬 필요가 있으니까."

　"뭐라구요?" 하고 이해하지 못한 야만인이 물었다.

　"그것이 안전한 건강 조건의 하나라네. 그 때문에 우리들은 V.P.S. 요법을 강제적으로 시행하고 있지."

　"V.P.S.?"

　"'격렬한 열정 대치 치료요법'이란 것이지. 한 달에 한 번씩 규칙적으로 몸 전체를 아드레날린으로 훑어내린다네. 아드레날린은 생리학적으로 공포나 분노와 대등한 것이지. 데스데모나를 죽인다든가, 오셀로에게 살해당한다든가, 하는 모든 보충적인 효과를 가져오지. 아무런 불편도 없이."

　"그러나 나는 불편한 것이 좋습니다."

　"우리들은 싫어하네"라고 총재가 말했다. "우리들은 편한 걸 더 원하지."

　"저는 편한 것을 원치 않습니다. 저는 신이 필요합니다.

시가 필요합니다. 현실의 위험이 필요합니다. 자유가 필요합니다. 선행이 필요합니다. 저는 죄악이 필요합니다.”

“정말로?”하고 무스타파 몬드가 말했다. “자네는 불행하게 될 권리만 찾고 있군 그래.”

“그래도 할 수 없죠”라고 야만인이 대담하게 말했다. “저는 불행하게 되는 권리를 요구하고 있습니다. 늙고 추악해지고 성불구가 되는 권리는 말할 것도 없고, 매독과 암에 걸리는 권리를, 기아의 권리를, 이투성이가 되는 권리를, 내일은 어떻게 될까 끊임없이 걱정하는 권리를, 티푸스에 걸리는 권리를, 이루 말할 수 없는 수많은 고통으로 괴로움을 받는 권리를.”

오랜 침묵이 흘렀다.

“나는 이러한 모든 것을 요구합니다”라고, 마침내 야만인이 말해 버렸다.

무스타파 몬드는 어깨를 으쓱했다. “마음대로 하게.”

—올더스 헉슬리 〈멋진 신세계〉

〈주의사항〉

두 글의 공통점을 오늘날의 사회적 장치와 비교하여 설명할 것.

미국에서 1억부 이상 판매된 기적의 논술가이드
클리프노트가 한국에 상륙했다!!

방대한 고전을 하루만에 독파하는 스피드
다락원 명작노트 **CliffsNotes™** 시리즈는

▶ 미국대학위원회, 서울대, 연·고대 추천 고전을 알기 쉽게 재구성한 대한민국 대표 논술교과서 입니다. ▶ 작품의 핵심내용과 사상, 역사적 배경, 심볼, 작가의 의도 등을 명확하게 정리하여 방대한 원작을 쉽고 빠르게 이해할 수 있게 해줍니다. ▶ 미국에서 리포트, 논술용으로 1억 부 이상 팔린 초베스트셀러의 명성에 비평적 사고와 논리적 글쓰기의 모델을 제시하는 〈一以貫之〉의 논술 노트를 통해 사고 능력, 읽기 능력, 쓰기 능력을 체계적으로 길러줍니다.

★ 〈一以貫之〉 논술연구모임: 대입 논술이 시작될 때부터 학원과 학교에서 논술을 가르쳐온 전문가들의 모임입니다. 현재 서울·분당·평촌·인천·광주·부산·울산 등의 유명 학원과 고등학교의 논술강의 현장에서 학생들이 '자신의 물음'과 '자신의 생각'을 갖고 '자신의 글'을 쓸 수 있도록 도와주고 있습니다.

다락원 명작노트 **CliffsNotes™** 시리즈 50권 출간

001 걸리버 여행기 002 동물농장 003 허클베리 핀의 모험 004 호밀밭의 파수꾼 005 구약 성서

006 신약 성서 007 분노의 포도 008 빌러비드 009 이반 데니소비치의 하루 010 카라마조프 가의 형제들

011 순수의 시대 012 안나 카레니나 013 멋진 신세계 014 캉디드 015 캔터베리 이야기 016 죄와 벌

017 크루서블 018 몽테크리스토 백작 019 데이비드 코퍼필드 020 프랑켄슈타인 021 신곡

022 막대한 유산 023 햄릿 024 어둠의 심연 外 025 일리아드 026 진지함의 중요성 027 제인 에어

028 앵무새 죽이기 029 리어 왕 030 파리대왕 031 맥베스 032 보바리 부인 033 모비딕

034 오디세이 035 노인과 바다 036 오셀로 037 젊은 예술가의 초상 038 주홍 글씨 039 테스

040 월든 041 워더링 하이츠 042 레미제라블 043 오만과 편견 044 올리버 트위스트 045 돈키호테

046 1984년 047 이방인 048 율리시스 049 실낙원 050 위대한 개츠비

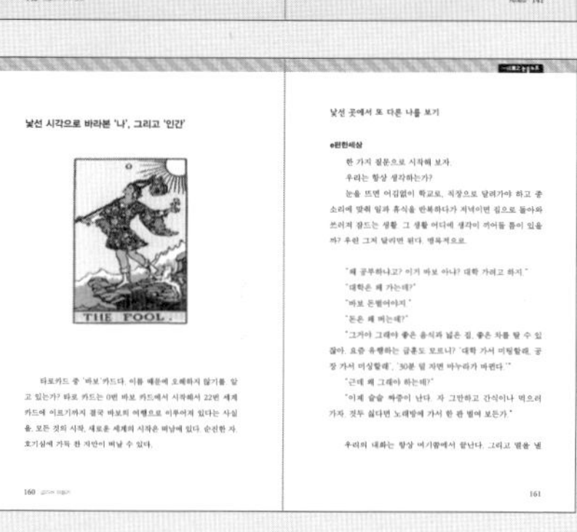

작가 노트 | 작가에 대해 꼭 알아야 할 배경지식이 담겨 있습니다.

작품 노트 | 작품의 개요, 전체 줄거리, 등장인물 등 작품 전반을 이해하는 데 필수적인 부분을 실어 놓았습니다.

Chapter별 정리 노트 | 각 장의 '줄거리'와 '풀어보기'가 들어 있습니다. '줄거리'에서는 원작의 내용을 명쾌하게 파악할 수 있습니다. '풀어보기'에서는 원작에 담긴 문학적 경향, 주제, 상징 등을 다루었습니다.

인물분석 노트 | 등장인물에 대한 보다 면밀한 분석이 들어 있습니다.

마무리 노트 | 작품의 주제 등 보다 넓은 시각에서 작품을 볼 수 있도록 도와줍니다.

Review | 작품 이해도를 묻는 질문 코너입니다. 다양한 질문에 답하다 보면 작품에 대한 포괄적이고 의미 있는 파악이 가능해집니다.

一以貫之 논술 노트 | 권말에는 일이관지 논술연구모임에서 작성한 해당 작품과 관련한 논술 노트가 실려 있습니다. 원작을 우리의 삶과 연계시켜 비판적 사고와 논리적 글쓰기의 방향을 제시합니다.

실전 연습문제 | 해당 작품을 바탕으로 출제 가능성이 높은 논점을 함께 숙고해 봅니다.

★ 변형 국판 ★ 각권 8,500원

〈행복한 명작 읽기〉는 기초가 약한 영어 초급자나 초, 중, 고 학생들이 보다 즐겁고 효과적으로 명작들을 읽으며 독해력을 키울 수 있도록 개발된 독해력 증강 프로그램입니다.

국판 | Grade 1, 2, 3 각권 **6,000원**(오디오 CD 1개 포함)
Grade 4, 5 각권 **7,000원**(오디오 CD 1개포함)
*어린왕자 8,000원(오디오 CD 2개 포함)
**고도를 기다리며 9,000원(오디오 CD 2개 포함)

책의 특징

1 골라 읽는 재미가 있다. 초보자를 위한 350단어 수준에서 중고급자를 위한 1,000단어 수준까지 5단계 구성.
2 단계별로 효과적인 영어 읽기 요령과 영문 고유의 참맛을 느낄 수 있는 장치가 곳곳에.
3 읽기만 해도 영어의 키가 쑥쑥 – 해석을 돕는 돼지꼬리(⌒), 영어표현 및 문법 설명, 퀴즈가 왕창.
4 체계적인 듣기 학습까지. 전문 미국 성우들의 생동감 넘치는 원음을 담은 오디오 CD 제공.

Grade 1 Beginner	**Grade 2** Elementary	**Grade 3** Pre-intermediate	**Grade 4** intermediate	**Grade 5** Upper-intermediate
350words	**450**words	**600**words	**800**words	**1000**words
1 미녀와 야수	11 이솝 이야기	21 톨스토이 단편선	31 오페라 이야기	41 센스 앤 센서빌리티
2 인어공주	12 큰 바위 얼굴	22 크리스마스 캐럴	32 오페라의 유령	42 노인과 바다
3 크리스마스 이야기	13 빨간머리 앤	23 비밀의 화원	33 어린 왕자*	43 위대한 유산
4 성냥팔이 소녀 외	14 플랜더스의 개	24 헬렌 켈러, 나의 이야기	34 돈키호테	44 셜록 홈즈 베스트
5 성경 이야기 1	15 키다리 아저씨	25 베니스의 상인	35 안네의 일기	45 포 단편선
6 신데렐라	16 성경 이야기 2	26 오즈의 마법사	36 고도를 기다리며**	46 드라큘라
7 정글북	17 피터팬	27 이상한 나라의 앨리스	37 투명인간	47 로미오와 줄리엣
8 하이디	18 행복한 왕자 외	28 로빈 후드	38 오 헨리 단편선	48 주홍글씨
9 아라비안 나이트	19 몽테크리스토 백작	29 80일 간의 세계 일주	39 레 미제라블	49 안나 카레니나
10 톰 아저씨의 오두막	20 별 ㅣ 마지막 수업	30 작은 아씨들	40 그리스 로마 신화	50 나에겐 꿈이 있습니다 –명연설문 모음

쉬운 영문을 통해 영어 독해에 대한 막연한 두려움을 없앤다

왕초보 기초다지기

실력에 맞게 효과적으로 끊어 읽으며 직독직해 훈련을 한다.

실력 굳히기

영문판 원서 도전을 위한 전 단계의 준비과정이다.

영어의 맛 제대로 느끼기